결혼 수업

결혼
수업

송성환 지음

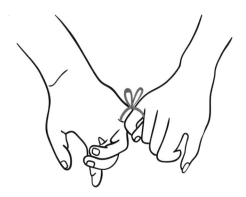

유아이북스
Ultimate Information

결혼 수업

1판 1쇄 발행 2020년 10월 20일
1판 2쇄 발행 2021년 6월 5일

지은이 송성환
펴낸이 이윤규

펴낸곳 유아이북스
출판등록 2012년 4월 2일
주소 (우) 04317 서울시 용산구 효창원로 64길 6
전화 (02) 704-2521
팩스 (02) 715-3536
이메일 uibooks@uibooks.co.kr

ISBN 979-11-6322-047-3 03180
값 14,000원

사람이 비상식적인 행동을 할 때는요,
그럴 만한 이유가 있잖아요.

– 〈미쓰 홍당무〉(2008)

왜 사랑은 어려울까?

"멀리 있는 사람을 사랑하기는 쉽다. 하지만
가까이 있는 사람을 사랑하기란 항상 쉬운 것만은 아니다."

– 마더 테레사

베스트셀러 목록에서 사라지지 않는 분야가 있다. 바로 자녀 양육과 관련된 자기 계발서이다.

아무리 경제가 어렵고 나라가 소란스러워도 올바른 양육에 대한 우리의 관심은 항상 높았다. TV 방송을 봐도 마찬가지다. 연예인이 자녀를 양육하는 TV 프로그램은 예나 지금이나 주말 황금 시간대를 차지하고 있다. '어떻게 하면 자녀를 잘 키워 낼까?' 하는 문제는 출판과 방송 영역을 넘어 지금껏 대한민국 사회를 관통하는 주제였다.

그런데 의문이 든다. 자녀를 잘 키우기 위해 우리가 가장 신경 써야 하는 점이 무엇일까?

해답을 찾기 위해 여러분의 어린 시절로 되돌아가 생각해 보자. 어린아이였던 내가 진정으로 행복을 느꼈던 때는 어떤 순간이었을까? 시험 성적이 잘 나왔을 때였나? 아니면 교우 관계가 좋았을 때였나? 혹은 용돈이 두둑했을 때였나?

어린 시절 행복했던 순간을 떠올리면 많은 이가 부모님의 웃는 얼굴을 함께 떠올린다. 나 역시 그러하다. 김이 모락모락 나는 흰밥처럼 가슴속 한편에 두 분의 웃는 얼굴이 따뜻하게 남아 있다. 사실, 어린 시절 나는 그것만으로 충분히 행복할 수 있었다.

나만 그랬을까? 당신도 마찬가지였을 것이다. 부모님이 서로 다투고 비난하면 아무리 좋은 성적을 받고 두둑한 용돈을 받아도 즐겁지 않다. 당신에게 어린 자녀가 있다면, 그 아이가 느끼는 행복의 마지막 퍼즐 조각도, 불행의 마지막 퍼즐 조각도 다름 아닌 '당신'이다. 부부가 자녀만 바라보고 있듯이 아이도 부부만 바라보고 있다.

부부는 어린 자녀에게 하나의 세상을 의미한다. 그렇다면 아이가 행복하기 위해 꼭 필요한 요소를 우리가 제공하고 있는지 생각해 봐야 한다. 결론부터 말하면, **부부의 애착**은 자녀의 행복을 위해 꼭 필요한 요소다. 흔히들 경제적인 풍요와 교육적인 지원이 자녀의 행복에 영향을 미치는 중요한 요소라고 생각한다. 하지만 이는 부분적으로 영향을 미칠 뿐 필수 조건은 아니다.

아무리 사이가 좋았던 부부라도 '부모'가 되면 자녀에 대한 헌신을 최우선으로 여긴다. 정작 부부의 행복이 자녀가 행복을 느끼는 밑바탕인데도 말이다. 자녀가 행복하길 바란다면, 부부가 먼저 행복해져야 한다. 부부가 행복하지 않으면서 자녀가 행복하길 바라는 건 어불성설이다.

부모의 불화에 지속해서 노출되는 아이는 경제적 풍요와 충분한 관심에도 결핍과 불안을 느낀다. 따라서 자녀 양육에 관심이 높을수록, 부부간의 애착을 굳건히 하고 행복한 부부 생활을 영위할 수 있도록 고민해 봐야 한다. 당신이 이 책을 읽는 목적이 바로 여기에 있다.

'멀리 있는 사람을 사랑하기는 쉽다. 하지만 가까이 있는 사람을 사랑하기란 항상 쉬운 것만은 아니다'라는 마더 테레사 수녀의 말씀을 되새겨 보자. 연애할 때 우리는 서로가 행복한지 궁금했다. 하지만 부부로서 우리는 배우자의 행복을 물어보지 않는다. 부모로서 우리는 매일같이 어린 자녀가 오늘 하루 즐거웠는지를 물어보면서 말이다. 결혼식 때 검은 머리가 파뿌리 되도록 서로를 행복하게 해 주겠다고 서약했지만, 감각이 무뎌지고 기억은 아득해진다. 마치 먼지 쌓인 졸업 앨범처럼 우리는 점점 사랑을 외면하고 방치한다.

만약 당신이 최선을 다해 살았음에도 불구하고 행복하지 않다면, 지금 필요한 것은 바로 부부의 사랑이고 애착이다. 성인이 된 우리는 부모님의 웃는 얼굴을 보며 미소 지을 수 있었던 어린 날과 다르지 않다. 편안함을 느끼게 하는 대상이 배우자로 달라졌을 뿐이다. 배우자와의 애착이 견고할수록 마음이 안정된다. 하지만 애착이 손상되면 불화가 깊어지고 마음은 피폐해진다. 그래서 나는 진료실을 찾는 부부에게 다음과 같이 질문한다.

"평소 당신은 일상에서 지친 몸과 마음을 배우자와 함께하며 회복할 수 있나요?"

여러분의 답은 어떠한가? 견고하고 안정적인 애착은 지친 몸과 마음을 회복하는 안전 기지를 제공한다. 만약 부부가 함께할 때 회복할 수 없다면 관계를 개선하기 위해 나서야 한다.

애착이 견고한 부부와 견고하지 못한 부부는 위기의 상황에서 확연히 차이가 난다. 애착이 견고한 부부는 경제적인 파산 또는 외도와 관련된 갈등처럼 심각한 위기를 겪어도 서로를 이해하며 관계를 개선한다. 하지만 애착이 손상된 부부는 사소한 갈등조차 해소하지 못하고 서로를 비난하며 관계를 악화시킨다. 다수의 부부를 상담한 결과, 관계 개선의 성패成敗는 부부의 애착에 달려 있었다.

부부 사이보다 더 애증이 뒤섞인 관계가 존재할까?

아마 찾기 힘들 것이다. 전문 치료자라 할지라도 애증으로 얽히고설킨 부부에게 이상적인 조언을 한다는 건 쉬운 일이 아니다. 대개 치료 초기의 부부들은 치료자를 아군 아니면 적군으로 규정하고 바라본다. 그래서 치료자가 사용하는 단어 하나하나에도 예민하게 반응한다. 이러한 이유로 부부 불화에는 되도록 끼어들지 않고 싶었던 게 정신과 의사 생활을 막 시작할 때의 솔직한 심정이었다. 하지만 지금 돌이켜 보면 이는 그저 부족한 경험에서 비롯된 마음이었다.

다수의 부부 상담을 진행하며 경험을 쌓다 보니, 올바른 부부 대화법을 숙지하고 정서를 나누도록 돕는 것으로도 관계가 상당히 개선되는 것을 알 수 있었다. 잠시 언쟁을 멈추고 그들의 대화법을 점검하고 서로에게 공감하는 시간만 가져도 긍정적인 변화가 시작되었다.

영화 〈사랑의 레시피〉(2007)에서 주인공인 캐서린 제타존스가 '인생에도 레시피가 있었으면 좋겠다'라고 말하는 것처럼 이 책은 부부 관계를 개선하는 레시피를 제공한다. 현명한 부부라면 불화의 늪에 깊게 빠지기 전에 도움을 받을 수 있다. 단, 맛있는 요리 과정을 쉽게 묘사한 레시피의 장단점은 명확하다. 장점은 쉽게 따라 할 수 있다는 것이고, 단점은 자신이 직접 해야 한다는 것이다. 이 책이 제시하는 레시피도 그렇다.

이 책을 통해 부부가 서로의 소통 방식을 점검하는 시간을 가져보길 바란다. 책에 기술된 내용은 요식업계의 대장금인 백종원 씨의 만능 간장처럼 쓰임이 유용하고, 어떤 주제에도 적용할 수 있다. 하지만 만약 레시피를 사용해도 관계 개선 효과가 높지 않다면, 역시 백종원 씨의 말처럼 해 보길 바란다.

"그냥 가게 가서 사 드세요."

만약 책에 기술된 레시피를 사용해도 관계가 개선되지 않는다면, 거기서 포기하지 말고 반드시 부부 치료를 받도록 하자. 검증된 부부 치료자가 투입되면 훨씬 효과적으로 부부 관계를 개선할 수 있다. 아무리 음식 만드는 재주가 없다 할지라도 옆에서 백종원 씨가 직접 돕는다면, 당신이 만들지 못할 음식이 있을까? 자, 그렇다면 이제 부담 없이 레시피를 한번 구경해 보자.

목 차

5장 부부 관계를 종료해야 할 때 주의점

미워도 다시 한번:

1장

부부의 흔한
6가지 궁금증

1 부부가 행복하게 잘 사는 비법이 있나요?

자세히 보아야 예쁘다.

오래 보아야 사랑스럽다.

너도 그렇다.

나태주 시인의 〈풀꽃〉 중 특히 마음에 깊이 와닿는 한 구절이다. 하지만 부부 갈등 중에도 유머를 잃지 않은 어느 여성은 남편을 빤히 보면서 다음처럼 말했다.

"자세히 보면 불만 있냐고 한다. 오래 보면 시비 거냐고 한다. 너만 그렇다."

이런 상황에 빠진 부부는 종종 묻는다.

"오랫동안 잘 사는 부부는 다른 비법이 있나요?"

이때는 대답 대신 어느 노부부의 이야기를 들려준다.

당시 나는 치매를 진단받은 여성과 면담하고 있었다. 여성은 칠순이 넘은 나이였고, 꽤 진행된 치매 증세를 보였다. 인지 기능 저하가 심한 터라 평가 자체가 순탄치 않았다. 나는 여성에게 집중하고자 노력했지만, 옆에 있는 남성에게 자꾸 눈길이 갔다. 여성의 남편인 그는 내 옆에서 너무나도 사랑스럽게 아내를 바라보고 있었다. 그 모습이 너무나도 인상 깊었기에 진료를 마치고 난 후, 나는 그에게 질문 하나를 던졌다.

"아버님, 그렇게 아내가 사랑스러우세요? 면담 내내 눈을 떼질 못하시네요."

"하하하! 제가 그랬습니까, 선생님?"

"네. 그러셨어요. 그렇게 긴 세월을 함께했음에도 여전히 사랑스러운 눈으로 바라보시는 비결이 있으세요? 대개 결혼 생활이 길어지면 서로 눈을 마주치는 것조차 잘 안 하잖아요."

내 질문에 그는 이렇게 되물었다.

"그럴 수도 있겠네요. 저는 그렇지 않은 것 같습니다. 비결이요? 딱히 비결이라고 할 건 없지만…, 선생님은 제 아내가 칠순이 넘은 여성으로 보이나요?"

"네. 아버님."

주저함 없는 나의 대답에 그는 말했다.

"그렇다면 그게 제 비결인 것 같습니다. 저는 지금도 아내를 보면 처음 다방에서 만났던 아내 모습이 그대로 떠올라요. 시간이 흘러도 제 마음속에 담긴 그때의 아내 모습은 그대로 남아 제 눈앞에 펼쳐집니다."

그의 사랑스러운 눈빛에 대한 의문은 그렇게 풀렸다. 여기에 오랜 결혼 생활의 비밀이 있었다. 기억을 잃은 아내는 남편을 그저 같은 동네에 사는 착한 아저씨로 여기지만 말이다.

현재의 모습은 점점 변하지만, 우리 마음에는 함께했던 과거의 기억이 생생하게 자리 잡고 있다. 마치 언제든지 우리 마음을 설레게 하는 4월의 벚꽃처럼 말이다. 그날의 아름다움이 시간이 지나도 우리 마음에서 사라지지 않듯이, 사랑하는 이에 대한 감정 또한 사라지지 않는다.

어머니는 성인이 된 아들을 여전히 철없는 어린아이로 생각한다. 노년이 된 아버지를 바라보는 자녀는 아직도 젊고 힘이 넘치는 아빠의 모습을 떠올린다. 우리가 사랑하는 사람이 더는 과거 모습이 아닐지라도, 우리 마음에는 항상 그때의 모습이 남아 있는 것이다. 이는 당신과 당신의 배우자가 서로를 기억하는 방식이기도 하다. 노년이 된 남편의 마음속에 간직되어 있는 젊은 시절의 아내 모습처럼 말이다.

지금 당신은 일주일에 몇 번 정도 배우자를 바라보며 대화를 나누는가? 어쩌면 우리는 척박한 삶 속에 정작 중요한 것을 놓치고 사는 것은 아닐까? 아내가 당신을 기억할 수 있는 날이 얼마나 있을까? 당신이 아내를 기억할 수 있는 날은 얼마나 남았을까? 부부가 서로를 기억하고 사랑할 시간은 생각보다 길지 않다. 오랫동안 행복한 부부 생활을 하는 비결은 이를 유념하고 서로를 더 많이 기억하기 위해 노력하는 것 아닐까?

지금껏 진료실에서 다양한 어려움을 갖고 찾아온 부부들을 상담

했다. 매번 부부간의 소통을 원활하게 만들어 주고 관계를 개선했다. 그렇게 치료 종결 지점에 이르게 되면, 내가 항상 부부에게 내주는 숙제가 있다. 그것은 내 생의 마지막 순간에 나의 임종을 바라보는 배우자를 위해 마지막 편지를 쓰는 것이다. 그리고 내 생애 마지막 시간을 연상시킨 후, 편지를 읽으며 혼자 남겨질 배우자에게 마음을 전달하는 시간을 가진다.

외도를 의심하는 아내를 비난했던 남편도, 가정에 무관심한 남편을 원망했던 아내도, 부부 치료 여정의 끝에 도달했을 때 빠짐없이 자신이 쓴 편지를 낭독하는 시간을 가졌다. 그들은 편지를 읽으며 정말 서글프게 울었다. 이유가 뭘까?

지나온 길을 되돌아보았을 때 여태껏 서로에게 했던 그 모든 비난과 원망이 부질없는 것처럼 느껴졌기 때문이다. 순간순간 부부는 인생의 굴곡을 겪어 왔을 테지만, 생애 마지막 날에 서서 지나온 시간을 바라보면 그런 시간조차 그저 한 장의 추억처럼 느껴지는 것이다.

남편의 외도를 의심했던 아내의 모습 뒤엔 어두운 방 안에 홀로 남겨진 또 다른 여성이 있었다. 가정에 무관심했던 남편의 모습 뒤엔 가족을 위해 매일 야근하며 힘든 삶을 살아야 했던 또 다른 남성이 있었다. 이를 알게 된 후, 부부가 서로 편지에 담아 전달하는 마음은 대부분 아쉬움과 미안함이었다.

부부 치료의 마지막 날에 서로를 바라보면, 치열하게 원망하고 미워했던 시간조차 아깝게 느껴진다. 내 기억 속에 아내가 허락되는 시간, 내 기억 속에 남편이 허락되는 시간. 그 시간이 무한하지 않음을 기억하고, 부부가 서로를 바라보는 시간을 가지길 바란다. 그때 내 눈에 들어오는 배우자의 모습과 내가 느끼는 감정은 이전과 사뭇 다를 것이다.

"얼마나 오래 당신을 사랑할까요? 하늘에 별들이 떠 있는 한, 가능하다면 더 오랫동안."

– 영화 〈어바웃 타임〉(2013)

summary

1) 오래도록 행복한 부부는 함께하는 시간을 소중히 여긴다. ☐

2) 서로를 사랑한 만큼 서로를 기억할 수 있다. ☐

3) 시간이 지나도 서로 사랑한 기억은 여전히 우리의 마음을 따 ☐

스하게 만든다.

2 아이를 위해 이혼하는 게 낫지 않을까요?

불화가 끊이지 않는 부부라면 종종 하는 말이 있다.

"자식 때문에 그냥 산다."
"자식 때문에 이혼도 못 한다."

결혼 생활 동안 단 한 번도 이혼을 상상해 보지 않은 부부가 있을까? 보통의 부부라면 한 번쯤은 생각해 봤을 것이다. 하지만 어린 자녀가 있는 경우, 이혼 결정은 쉽지 않다. 그럴 수밖에 없다. 우리 대부분은 '훌륭한 부부'는 아니지만, 자녀를 위해서라면 어떤 희생도 감수하는 '훌륭한 부모'이기 때문이다. 하지만 불화가 더욱더 깊어지면 결국 다음과 같은 질문을 한다.

"자주 다투는 부모 사이에 크는 아이가 더 스트레스를 받나요, 아니면 이혼 후 편부모 가정에서 크는 아이가 더 스트레스를 받나요?"

질문 뒤에 다양한 변수가 존재하는 질문이라서 선뜻 대답하기는 어렵다. 질문을 받은 치료자가 대면 평가를 통해 가늠해 볼 수밖에 없는 주제다. 치료자가 평가하는 점은 다음과 같다.

아무리 횟수가 잦아도 다투는 행위 자체는 사실 큰 문제가 아니다. 오히려 다투지 않고 서로에 대한 불만을 대화 없이 각자의 내면에 담아 두는 것이 더 큰 위험을 초래한다. 다툼이 잦아도 대화를 통해 잘 풀어내는 부부라면 자녀에게 미치는 영향도 크지 않다.

하지만 부부 다툼 시 지켜야 하는 원칙을 부부 모두 준수하는지는 중요하다. 우선 폭력이나 심한 욕설을 주고받아선 안 된다. 서로 화해해도 폭력과 욕설이 난무하는 부부의 다툼에 반복적으로 노출된다면 어린 자녀는 심각한 불안과 공포를 느낄 수 있다.

이혼도 변수가 다양하다. 우선 이혼 후에 양측이 서로를 원망하는 모습을 자녀에게 보여 주지 않는 것이 중요하다. 이혼 후 양육권자가 모든 이혼 책임이 배우자에게 있다고 말하는 것은 자녀에게 도움이 되지 않는다. 부모 모두 어린 자녀의 자존감 형성에 기반이 되기 때문이다.

또한, 정해진 면접 교섭권을 준수하지 않거나 정해진 양육비 지급을 이행하지 않는 경우도 정서적으로 좋지 않다. 양육비를 지급하지 않으면, 양육권자는 직업 활동에 더욱 매진할 수밖에 없다. 이로 인해 심신이 지치고 스트레스가 쌓이면, 자녀 양육에도 부정적인 영향을 미친다. 또한, 합리적인 이유 없이 양육권자가 배우자의 면접 교섭권을 거절한다면, 이 또한 자녀에게 부정적인 영향을 미친다. 물론 가해 위험성이 높은 경우 등 예외적인 상황은 있다.

이혼이 부부와 자녀에게 미치는 영향을 평가하는 것은 전문가마다 의견이 다를 수 있다. 하지만 모두 수긍하는 것은, 이혼이 자녀에게 청천벽력과도 같은 상황이라는 것이다. 특히 어린 자녀에게는 더욱더 그러하다. 이혼은 커다란 지붕을 떠받치는 두 개의 기둥, 즉 엄마, 아빠라는 두 개의 기둥이 지붕을 받치기를 포기한 상황과도 같다. 결국, 가장 큰 피해는 자녀가 입는다. 그런 이유로 부부는 매우 신중하게 이혼을 결정해야 한다. 설령 부부가 이혼을 결심해도 법원에 가기 전에 반드시 정신건강의학과 같은 부부 상담 전문 기관을 방문해야 한다.

애착 관계는 한순간에 사라지는 게 아니다. 지속해서 잘못된 소통을 반복했을 때 나타나는 현상이다. 그간 소통을 했다 하더라도 허울뿐인 대화만 반복했을 가능성이 크다. 그래서 마지막까지 편견과 오해를 그대로 간직한 채 이혼 도장을 찍는 경우가 허다하다.

지금도 많은 부부가 전문적인 도움을 받기를 거부한 채 법원부터 방문해 이혼 도장을 찍어 버린다. 치료 기관을 방문하는 것에 대한 사회적인 편견을 극복했다손 치더라도, 이미 자존심이 상해서 서로 막다른 길로 향하는 선택을 하는지도 모르겠다. 하지만 서로 자존심만 세우느라 아무도 베팅을 멈추지 않고 '묻고 더블로' 가다 보면 희망은 없다. 부부가 가정을 담보로 이혼을 베팅한다면 분명 심각한 피해를 볼 수 있음을 기억해야 한다.

결국, 인생에 정답은 없다. 선택만이 있을 뿐이다. 하지만 그 선택이 오답일 수는 있다. 이혼을 절대 해선 안 된다는 것이 아니다. 모든 일에는 순서가 있다는 얘기다. 우선 부부의 결속을 다시 강화할 수 있는 요소가 남아 있는지를 평가한 후, 회복을 시도해야 한다. 만약 관계 개선이 가능하다는 전문가의 평가가 있다면 신중하게 판단해야 한다. 물론 부부 치료가 우선되지 않는 상황도 있다. 악의적인 폭력, 알코올 및 마약 등의 중독 행위, 사기 등의 범죄 행위처럼 한쪽의 문제가 주된 불화의 원인인 경우가 그렇다. 이때는 개인에 대한 약물 및 정신 치료 등이 먼저 필요하다.

다시 말하지만, 자녀를 위해 불행한 부부 관계라도 유지하는 게 좋을지, 이혼하는 게 나을지를 묻는 말에 정답은 없다. 그렇다 하더라도 이들에게 도움이 되는 조언은 있다. 지금부터 전문가의 도움을 받으며 부부 관계를 개선할 수 있다는 것이다. 부부 관계는 끝날 때까지 끝난 게 아니다. 아직도 주저하는 이들이 있다면, 영화 〈나홀로 집에 2〉(1992)의 주인공인 케빈의 입을 빌어 말한다.

"도전해 봐요. 잃을 게 없어요."

summary

1) 부부의 잦은 불화는 결국 이혼 위기로 이어진다.

2) 잦은 불화, 부모 이혼 모두 자녀에게 부정적인 영향을 미친다.

3) 불화에 지친 부부에게 우선 필요한 것은 이혼이 아니라 부부 치료이다.

3 그토록 원했던 결혼인데, 왜 행복하지 않을까요?

아무도 불행한 가정을 원치 않는다. 모든 연인은 더 행복하길 바라며 결혼한다. 결혼 후엔 화목한 가정을 만들고자 노력한다. 주중에 아무리 업무에 시달려도 주말에는 양가 부모님을 찾아뵙거나 자녀를 데리고 놀러 다닌다. 그런데 이상하게 마음 한구석이 허전하다. 행복한 가정을 위해 노력하고 헌신하지만, 정작 당신은 행복하지 않다. 이는 가정의 행복을 결정짓는 가장 중요한 요소를 당신이 간과했기 때문일 것이다. 당신이 간과할수록 노력의 대가는 처참하다. 더욱 많이 노력할수록 더 많이 지친다.

애초에 가정이라는 건축물을 구성하는 골조骨組는 부부의 애착이었다. 그 외 모든 것은 부부의 애착에 기반을 두고 쌓아 올린 구조물이다. 골조가 굳건하지 않으면 어떤 구조물도 안전할 수 없다. 부부의 애착이 견고하지 않다면 경제적인 풍요도, 양가 부모와의 좋은 관계도, 자녀의 행복도 모래성에 지나지 않는다.

우리가 처음부터 부부의 애착이 얼마나 중요한지를 간과했을까? 대개는 그렇지 않다.

결혼 후에 주어지는 책임에만 집중하다 보니, 우리는 서로의 애착이 괜찮을 거라고 믿은 것이다. 마치 우리 눈에 보이지 않는 집 안 골조가 항상 튼튼할 거라고 믿으며 잠드는 것처럼 말이다. 만약 구조적인 결함이 발견되면 결국 보수를 해야 하고, 우리의 바쁜 일상은 꼬여 버린다. 그래서 우리는 아무 일도 없을 거라 여기며 애써 관심을 접는다. 아는 것은 병이고 모르는 것이 약이라고 자신을 합리화하면서 말이다.

1992년, 미 대통령 선거에서 빌 클린턴이 외쳤던 유명한 표어가 있다.

"바보야. 문제는 경제야. (It's the economy, stupid.)"

그런데 아무리 노력해도 행복하지 않다는 푸념을 들으면 이렇게 외치고 싶다.

"바보야. 문제는 부부야. (It's the couple, stupid.)"

summary

1) 가정은 부부의 애착을 기반으로 쌓아 올린 건축물이다.

2) 부부의 애착이 견고하지 않으면, 가정은 언제든지 무너질 수

   있다.

3) 부부 관계가 개선되지 않으면, 아무리 노력해도 행복하지 않다.

> **4** ❝ 나만 참으면
> 문제가 없을까요? ❞

결혼은 현실이다.

아무리 화려한 조명이 나를 감싸 주는 결혼식을 치렀다고 해도 시간이 지날수록 결혼은 이상이 아니라 현실임을 깨닫게 된다. 서로 다른 입장과 관점 차이로 인해 갈등을 겪기도 한다. 사랑을 속삭이던 기억은 점점 잊혀져 가고, 서로에 대한 요구와 불만이 점점 커진다. 많은 이들이 갈등도 결혼 생활의 일부라고 말한다. 맞는 말이다. 하지만 그렇다고 해서 갈등을 해소하지 않고 각자 내면에 불만을 쌓아 두는 것은 문제가 된다. 이런 경우 우리는 다음과 같이 자신을 세뇌한다.

"나만 참으면 돼. 나만 참으면 다 괜찮아."

당신이 이런 유형이라면 생각을 바꿔야 한다. 그 이유는 당신이 참는다는 사실 자체를 배우자가 모르기 때문이다. 당신의 고통을 알 리가 없는 배우자는 불화의 원인이 되는 말이나 행동을 바꾸지 않는다. 결국 '호의가 계속되면 호구인 줄 아는구나'라는 깨달음과 함께 쌓아 둔 감정이 폭발한다. 그간 참아 왔던 불만을 한꺼번에 터뜨리는 상황에 이르는 것이다. 결코, 눈 가리고 아웅 하듯이 자기 마음을 숨기고 얕은수를 부려서는 안 된다. 불만을 쌓아 두는 것은 부부 모두에게 좋은 방법이 아니다.

부부 갈등 시 당신이 불만을 숨기는 것만이 유일한 방법처럼 느껴질 수도 있을 것이다. 대개 배우자가 고집이 세거나 당신이 너무 위축된 경우이다. 이러면 당신은 분명 불만을 표현하는 데 어려움이 있다. 그렇다면 당신이 이해할 수 있도록 배우자에게 도움을 요청해 보는 것은 어떨까?

우리는 문제를 감출 것이 아니라, 함께 해결할 방법을 찾아야 한다. 갈등으로 인해 힘든 당신이 배우자에게 도움을 요청하는 방법에 대해서는 4장, '부부 관계를 회복하는 14가지 원칙'에서 기술할 것이다.

"누구의 잘못도 아닌 상황으로 인해 마음이 엉킬 때가 있다. 그

때 우린 시간이 약이 돼 줄 거란 자만으로 외면하고 방치할 게
아니라, 엉킨 마음을 하나씩 풀어 나갔어야 했을지도 모른다.
엉킨 실타래가 어느 날에 눈덩이처럼 불어나 우릴 삼켜 버리
기 전에."

- KBS 드라마 〈고백 부부〉(2017)

summary

1) 결혼 이후 서로 다른 입장과 관점으로 인해 갈등을 겪는다. ☐

2) 갈등이 불편하다는 이유로 침묵한다면 배우자는 당신의 고
통을 알 수가 없다. ☐

3) 갈등을 해소하기 위해서는 부부 모두의 노력이 필요하다. ☐

5

> **"부부 사이가 멀어지니까
> 아무것도 하기 싫어요.
> 저만 그런가요?"**

아니다. 그건 당연하다.

우리는 사랑을 담보로 결혼에 모든 걸 쏟아부었다. 그런데 사랑이 없다면? 허위 담보에 사기당한 것처럼 인생이 고달파지는 건 불보듯 뻔하다.

어린 시절, 우리는 어른이 되고 싶었다. 어른이 되면 지금보다 자유롭고 행복해질 것 같았다. 지금이 좋을 때라는 어른의 말을 귀담아듣지 않았다. 분명 어른끼리만 공유하는 행복이 있을 거라 기대했다.

그런데 막상 어른이 되면, 아직 누리지 못한 행복이 남아 있는 것 같다. 모험심을 간직한 채, 우리는 결혼이라는 성문 앞에 선다. 이 문을 지나 성 안에 들어가면 우리가 찾던 행복이 있을 것 같다. 사랑하는 이와 결혼하는 것은 행복의 마지막 퍼즐 조각일 것만 같다. 기분 좋은 예감에 취해 우리는 성문을 통과한다.

실제로 사랑하는 배우자와 귀여운 자녀는 지금껏 우리가 느껴 보지 못한 행복이다. 그러나 **결혼은 우리가 느껴 보지 못한 책임까지 던져 준다.** 어린 시절이 좋을 때라는 어른들의 깊은 속내를 이젠 알 것 같다.

결혼 후, 우리는 다양한 스트레스를 감당하며 미래에 대한 걱정까지 떠안고 있다. 가족의 범위는 확대되고, 출산과 동시에 양육 책임까지 주어진다. 마치 사업을 확장하는 것처럼 결혼은 우리 인생을 확장하는 선택이다. 마음이 설레기도 하지만, 두려움도 만만치 않다.

또한, 직장에서 급격한 변화에 적응하지 못하고 도태되는 선배를 보면 두려움은 더욱 커진다. 다수의 인원이 참여하는 제조업에서 소수의 인원이 통제하는 정보 서비스업으로 산업의 중심이 이동하면서 인원 감축은 더욱 잦아진다. 당연히 직업 안정성은 떨어진다. 결국, 하루하루가 경쟁이고 전쟁이다.

공자孔子는 40대가 되면 세상일에 갈팡질팡하지 않고不惑, 50대가 되면 하늘의 명을 비로소 알게 된다知天命고 했다. 하지만 우리는 여전히 세상일에 갈팡질팡하고 하늘의 뜻은 도무지 알 수가 없다. 계급장을 떼고 보면 우리는 여전히 불완전하고 때로는 나약하다. 우리 내면은 단지 어른이 되고 싶었던 어린 시절과 별반 다르지 않다. 우리는 가족에 대한 의무, 경제적인 의무, 직업적인 의무 등 수많은 책임을 혼자서 감당할 만큼 강하지 않다. 우리는 배우자의 도움이 필요하다.

애착이 견고한 부부는 서로에게 지친 몸과 마음을 회복할 수 있는 쉼터를 제공한다. 일을 마친 부부는 집에서 휴식하며 내일을 준비한다. 마치 전투를 치른 군인이 후방에서 휴식하며 내일 전투를 준비하듯이 말이다. 배우자의 사랑과 믿음은 부부가 내일을 버텨 내는 힘이다.

하지만 애착이 손상된 부부는 서로에게 쉼터를 제공하지 않는다. 만나기만 하면 으르렁거리고 사소한 일도 그냥 넘어가지 않는다. 일을 마친 부부는 집에서도 휴식하지 못한다. 전투를 치른 군인이 후방에 잠복해 있던 적군과 마주한 격이다. 다시 총을 장전하는 군인처럼 부부는 집에서도 긴장을 놓지 못한다. 내일이 되면 다시 출근을 준비한다. 어제 퇴근할 때보다 몸은 무겁고 마음도 불편하다. 회사에서 일이 제대로 될 리가 없다. 그리고 생각한다.

'진짜 아무것도 하기 싫다.'

만약 온종일 쉬지 않고 기약도 없는 전투를 치러야 한다면, 그 병사들의 사기는 어떻게 될까? 얼마 지나지 않아 그들의 사기는 바닥을 칠 것이다. 온종일 쉬지 못하는 당신도 마찬가지이다. 부부 관계를 개선하지 못하면 당신의 사기도 바닥을 치게 될 것이다.

summary

1) 결혼은 지금껏 느껴 보지 못한 행복과 책임을 동시에 던져 준다.

2) 결혼 후에도 우리는 여전히 불완전하며 위기에 나약하다.

3) 결혼 후 주어지는 책임을 다하기 위해서는 우리 모두 배우자의 도움이 필요하다.

6

이혼이 쉽지 않은데
이혼율이 증가하는 이유가 뭐죠?

부부 불화를 이유로 내원한 50대 부부가 있었다.

아내가 정신과 진료를 받는다는 이야기를 듣고 나서야 남편도 진료실을 찾았다. 아내는 연신 눈물을 흘리며 불화를 견디기가 힘들다고 호소했다. 남편과의 관계가 개선되지 않으면 이혼하고 싶다고 말했다. 나는 남편에게 어떻게 생각하는지 물었다. 남편의 대답은 예상대로였다.

"이혼이 어디 말처럼 쉽나요?"

팔짱을 끼고 심드렁한 태도를 보이는 그에게 말했다.

"부부가 같이 살아야 하는 이유를 찾지 못하면, 그리 어렵지도 않습니다."

상담자이기 이전에 부부의 일원으로서 화가 났던 것일까? 물론 그럴 수도 있다. 하지만 그것만은 아니다. 객관적인 통계가 이혼이 그리 어렵지 않다고 말해 주고 있다.

통계청 자료를 보면 1980년대까지 남성은 30대 초반, 여성은 20대 후반에 가장 높은 이혼율을 보였다. 그러나 1990년부터 현재에 이르기까지 남녀 모두 평균 이혼 연령은 꾸준히 증가하는 추세다. 이는 혼인 연령이 늦어지는 것뿐 아니라, 이혼을 선택하는 연령층이 점차 확장되는 것을 의미한다.

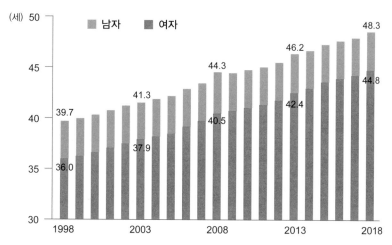

┃ 평균이혼연령: 1988~2018

최근 중장년층의 이혼율은 어느 연령층보다 증가 폭이 가파르다. 20년 전에는 혼인 지속 기간이 길수록 이혼 구성비가 감소하는 추세였다. 하지만 최근에 이르러서는 **혼인 지속 기간이 20년이 넘는 부부의 이혼 구성비가 전체의 33.4%에 이른다.** (아래 그림 참조)

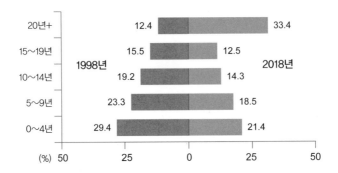

| 혼인지속기간별 이혼 구성비: 1998 vs 2018

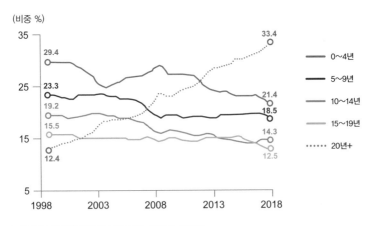

| 혼인지속기간별 이혼 구성비 추이: 1998~2018

그리고 통계 자료로 측정할 수 없는 이혼도 있다. 그건 바로 졸혼이다. KBS 2TV〈살림하는 남자들 시즌 2〉라는 예능 프로그램에서 어느 중견 배우는 자신의 졸혼 생활을 대중에게 보여줬다. 졸혼은 결혼을 졸업한다는 의미이다. **부부라는 법적 혼인 관계는 유지하면서 같은 공간에서 여생을 함께하는 모든 행위를 중단한다.**

졸혼을 바라보는 우리의 생각은 어떠한가? 대부분은 늦게라도 자신의 노후를 즐기는 방법이라고 여길 것이다. 오랜 기간 함께하며 부부는 여러 사회적 또는 경제적 문제에 얽혀서 이혼이 아닌 졸혼을 선택한다. 하지만 졸혼은 껍데기만 다를 뿐 이혼이나 마찬가지다. 졸혼까지 이혼의 범주 내에 포함한다면, 혼인 기간이 20년이 넘는 이들의 이혼 비율은 훨씬 더 증가할 것이다.

혼인 20년 이후의 이혼은 무슨 의미일까? 이는 미성년 자녀와 연관되는 것으로 추측할 수 있다. (미성년 자녀는 민법상 만 19세 미만을 의미함) 부부는 잦은 불화에도 불구하고 자녀가 성인이 되기까지는 안정적인 환경을 제공하고자 노력한다. 하지만 자녀가 성인이 되면 더 이상 이혼을 미루지 않는다.

실제로 미성년 자녀 유무에 따른 이혼 구성비 차이는 극명하게 나뉜다. 미성년 자녀가 없는 경우 이혼 구성비는 매년 증가하고 있다. (아래 그림 참조) 그렇다고 해서 미성년 자녀가 있으면 마냥 안심해도 된다는 뜻은 아니다. 미성년 자녀가 있는 경우에도 실제 이혼 건수는 꾸준히 증가했다. 미성년 자녀가 없는 경우 이혼 건수가 압도적으로 증가했을 뿐이다.

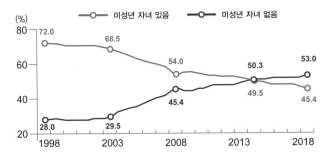

미성년 자녀 유무별 이혼 구성비: 1998~2018

최근 통계청 자료에 따르면, 미성년 자녀가 있는 경우 연간 이혼 건수는 20여 년 전보다 약 1만 건 정도 증가했다. 하지만 미성년 자녀가 없는 경우 연간 이혼 건수는 20여 년 전보다 약 2만 6천 건가량 증가했다. 불화에 지친 부부는 부모로서의 의무를 다할 날만 기다리고 있다. 여태 살아온 시간이 아까워서 여생을 함께하던 시절은 지나갔다.

과거에는 이혼을 억제하던 요소로 대가족 중심 사회, 유교 중심적 사고, 여성의 낮은 사회 경제적 지위, 자녀에 대한 헌신 중시 등이 있었다. 하지만 현재 우리 사회는 **급격한 핵가족화, 개인 중심적 사고, 여성의 사회 경제적 지위 상승, 자아실현의 욕구 중시 등**의 현상이 심화되고 있다. 결국, 과거에 이혼을 막았던 사회 구조적인 요소는 점점 사라지고 있다.

날이 갈수록 이혼에 대한 사회적 편견은 감소하고, 개인의 행복 추구에 관한 관심은 증가한다. 그래서 부부는 결혼 기간 내내 서로에게 물어본다. 당신과 함께 늙어 가야 하는 이유를 말이다. 이제 부부는 이혼해야 하는 이유만을 찾는 것이 아니다. 우리가 **함께 살아야 하는 이유**를 알고 싶어 한다. 그저 팔짱 끼고 앉아 이혼이 쉽냐며 심드렁한 태도로 서로를 바라본다면, 언젠가 이혼이 너무나도 쉬운 순간이 올 것이다.

이제 결혼은 정규직이 아니라 계약직이다. 계약을 갱신하지 못하면 관계는 끝난다. 계약을 갱신하고 싶다면 성과를 보여 줘야 한다. 결혼하고 나면 그저 자동 갱신될 거라 믿었는가? 그렇다면 그건 착각이다. 결혼이 보장하는 것은 없다. 관계를 지속하고 싶다면 배우자를 만족시키는 성과가 필요하다.

나는 면담을 마치며 여전히 시큰둥한 태도를 보이는 남편에게 말했다.

"노력해 보세요. 도와드리겠습니다."

summary

1) 전체 이혼 구성비 중 혼인 20년 이상 이혼 구성비가 가장 가파르게 증가하고 있다.

2) 여태 살아온 시간이 아까워서 여생을 함께하던 시절은 끝났다.

3) 이제 부부는 서로에게 함께 살고 싶은 '이유'가 되어야 한다.

2장

부부 애착이
손상되었을 때 나타나는
3가지 징후

"

부부 애착이
무너지면 안 되는 이유

"

우리는 결혼 생활에 있어서 갈등은 필연적임을 알고 있다. 그리고 잦은 갈등은 불화를 유발한다. 그렇다면 갈등은 불화를 일으키는 씨앗이기만 한 걸까? 그건 아니다. 합리적인 소통으로 갈등을 해소하는 경험은 오히려 관계를 굳건하게 만들기 때문이다. 그렇지 못한 때에만 갈등은 불화로 이어진다.

혼동하지 말아야 할 것은, 부부간의 애정이 메마르고 척박해진 것은 갈등이 아닌 불화 상태에 놓인 것을 의미한다는 것이다. 갈등과는 달리 불화는 결혼 생활에 결코 필연적인 것이 아니다. 불화는 부부가 원활한 소통으로 반드시 치워 내야 하는 장애물이다.

사전적인 의미로도 둘은 다르다. 갈등葛藤은 서로 다른 의견이 충돌하는 상태를 의미하지만, 불화不和는 서로 화합하지 못하는 상태를 의미한다. 종종 부부의 의견은 충돌할 수밖에 없지만, 그것만으로 화합이 깨지진 않는다.

그렇다면 갈등에서 그치는 부부와 잦은 불화를 겪는 부부는 어떤 점이 다른 걸까?

나이, 직업, 자녀 여부 등 여러 변수를 가진 부부를 상담하면서 두 그룹을 가장 일관되게 구분하는 요소가 있었다. 그럼, 다음 질문에 대한 답을 한번 해 보자.

"결혼 후, 서로가 사랑하고 사랑받는다는 감정을 느끼고 있었나요?"

이는 부부가 정서적으로 서로 사랑하며 깊은 유대감을 갖는지를 의미한다. 두 그룹을 가장 일관되게 구분하는 요소는, 바로 부부가 서로 애착을 느끼고 있는가이다.

애착이 손상된 상태에서는 사소한 갈등조차 풀지 못하고 불화를 겪던 부부도 애착을 회복하고 나면 심각한 갈등까지 서로 소통하며 풀어낸다. 불화가 잦은 부부라면 기저에 자리한 애착 상태부터 살펴봐야 한다. 그렇지 않으면, 마치 두더지 게임처럼 매번 새로운 갈등이 나타나 불화를 반복하게 된다.

오랜 기간 메말라 쩍쩍 갈라진 땅에서는 어떤 식물도 자랄 수 없듯이 메마른 부부의 마음에는 어떤 희망도 자라나지 않는다. 우선 땅을 비옥하게 하듯이 부부는 애착을 회복하여 메마른 마음을 촉촉하게 해야 한다. 애착을 회복할 수 있다면, 갈등은 더 이상 불화의 씨앗이 아니다.

사실 처음 현대 정신 의학에서 애착이 중요하다고 알려진 대상은 부부가 아닌 아동이었다. 영국 정신 분석가인 존 볼비John Bowlby, 1907~1990는 어머니와의 초기 애착 형성이 아동 발달에 매우 중요하다는 애착 이론attachment theory을 처음 발표했다. 또한, 그의 제자인 미국 심리학자 메리 에인스워스Mary Ainsworth, 1913~1999는 객관적 관찰 연구를 통해 어머니와 안정적인 애착을 형성한 아기는 외부 세계를 마음껏 탐색할 수 있는데, 가령 위협이 느껴지면 어머니 품에 돌아와 안식을 가지며 회복한다고 주장했다. 그녀의 연구에 따르면, 아기에게 어머니는 안전 기지이자 쉼터였다. 어머니의 품에서 회복한 아기는 언제든지 외부로의 탐색을 다시 시작할 수 있었다.

그녀는 이를 토대로 약 생후 12개월 아기를 대상으로 낯선 상황에 관한 연구strange situation procedure를 시행했다. 연구를 마친 그녀는 어머니와의 분리 상황에서 보이는 아기의 모습을 통해 모자간의 애착 형태를 아래 4가지로 분류하여 발표했다.

1. 안정형 애착(Secure Attachment):

미국 내 약 65퍼센트. 이는 안정 애착으로 어머니와 분리된 상황에서 불안을 느끼다가도 어머니가 돌아오면 다시 편안함을 느끼며 잘 노는 아기에 해당함.

2. 회피형 애착(Anxious-Avoidant Insecure Attachment):

미국 내 약 20퍼센트. 이는 불안정 애착으로, 분리 상황에서 아무런 동요 없이 놀이를 지속하는 아기에 해당함. 하지만 분리 시 나타나는 아기의 심장 박동 수 증가는 분리 시에 불안을 느낄 가능성을 의미함. 대개 평소 모자 관계가 친밀하지 않음.

3. 양가형 애착(Anxious-Resistant Insecure Attachment):

미국 내 약 10퍼센트. 불안정 애착으로, 분리 상황에서 지나치게 불안한 모습을 보이는 아기에 해당함. 어머니가 돌아와도 다시 떠날까 봐 불안해하거나 화를 내는 모습을 보임. 어머니에 대한 불안과 분노를 동시에 표현함.

4. 와해형 애착(Disorganized/Disoriented Attachment):
미국 내 약 5퍼센트. 메리 에인스워스의 동료인 메리 메인Mary Main에 의해 추가된 것으로, 어머니가 돌아왔을 때 멍하거나 혼란스러워하는 등 매우 부적절한 반응을 보이는 아이에 해당함. 부모의 학대 및 방임 등의 가능성이 제기됨.

이처럼 양육자와의 애착 정도에 따라 위기 상황에서 아기가 느끼는 공포, 불안의 정도와 대처 방식이 다르게 나타난다. 그렇다면 우리는 어떨까? 성인이 된 우리는 정서적인 결합을 맺고 있는 사람과의 애착이 깨져도 괜찮을까? 그러면 불행해지지 않을까? 우리 역시 괜찮지 않다. 불행하게도 말이다.

애착이 안전 기지로서의 제 기능을 다한다면, 바쁜 일상을 보내고 심신이 지쳐 버린다고 해도 부부는 가정에서 삶의 활력을 회복할 수 있다. 마치 바깥세상을 탐색하다가 위협이 느껴졌을 때 어머니의 품에 돌아와 안정을 되찾는 아이처럼 말이다.

하지만 모자간의 애착 관계가 불안정한 아기가 분리 상황에서 부적절한 반응을 보이는 것처럼 우리 역시 애착이 손상된 경우, 부부 갈등 시 회피하거나, 불안해하거나, 화를 내거나, 멍하거나, 혼란스러워하는 등 부적절한 반응을 보인다.

안정적인 애착은 부부에게 정서적인 만족감을 제공한다. 물론 부부도 서로 사랑하는 만큼 기대하고, 기대하는 만큼 실망할 수도 있다. 그래서 사소한 오해로 인해 애착이 손상되지 않도록 부부는 항상 예의 주시해야 한다. 안정적인 애착이 주는 편안함이 너무나도 크기 때문이다. 손상을 일찍 발견할수록 부부는 더 적은 노력으로 관계를 빠르게 회복할 수 있다.

그렇다면 애착이 손상되는 징후에는 어떤 것들이 있을까? 흔히 나타나는 3가지 징후에 대해서 알아보자.

> **summary**
>
> 1) 갈등과 불화는 다르다.
>
> 2) 애착이 손상되면 갈등은 매번 불화로 이어진다.
>
> 3) 견고한 애착은 부부가 갈등을 해소하는 기반이 된다.

2

> 첫 번째 징후:
> 비교하며 상처를 준다

"모든 사람은 일생에 한 번 무지개 같은 사람을 만난다. 그런 사람을 만났을 때 너는 더는 비교할 것이 없다."

– 영화 〈플립〉(2017)

하지만 애착이 손상되면 남들과 비교하며 서로에게 더 깊은 상처를 준다.

논쟁이 건전하기 위해서는 서로가 지켜야 하는 기본적인 원칙이 있다. 마치 국가 간의 전쟁 시에도 민간인 공격 대상 제외 등의 협약을 준수하듯이 말이다. 협약을 어기는 순간 전쟁은 비열하고 지저분해진다. 기본적인 원칙을 어기는 순간 논쟁 역시 비열하고 지저분해진다. 부부도 마찬가지다. 이번 장에서 언급할 기본적인 원칙은 바로 비교하지 않기이다.

우리는 어려서부터 아무리 노력해도 결코 이길 수 없는 존재와 경쟁하며 성장한다. 이겼다고 생각해도 또 어디선가 나타나는 불멸의 존재. 그는 바로 엄마 친구 아들 또는 딸이다. 엄마 친구는 어찌 그리도 많은 건지 우리가 아무리 노력해도 어디선가 잘난 자녀를 둔 엄마 친구는 또 나타난다. 시간이 지나 더는 비교당할 일이 없겠구나 싶지만, 우리는 또다시 이길 수 없는 존재를 만난다. 바로 아내 친구 남편 또는 남편 친구 아내이다.

합리적이고 건전한 논쟁은 관계를 더욱 견고하게 만든다. 그러나 친구의 아내 또는 남편을 기준 삼아 말하는 순간 논쟁은 전쟁이 되어 버린다. 현명한 부부는 배우자를 남과 비교하지 않는다. 이들은 비교를 통해 배우자의 결함을 부각하려는 노력이 결코 긍정적인 변화를 이끌어 낼 수 없음을 잘 알고 있다. 그들에게 비교는 그저 서로에게 책임을 떠넘기고 비난하고 싶어 하는 이들이 사용하는 논쟁 방식이다.

하지만 부부가 현명함을 포기하고 어리석음을 선택하는 순간이 있다. 쥐약인 걸 알면서도 안 먹을 수가 없다. 이전과 달리 부부가 비교와 비난을 일삼게 되었다면, 이는 애착이 손상된 징후로 볼 수 있다. 애착이 견고한 부부는 기본적인 상호 간의 예의를 준수하며 논쟁한다. 하지만 어떤 이유로 애착이 손상되면, 건드리지 말아야 할 것을 건드리기 시작한다. 애착이 손상된 부부는 어리석게 행동한다.

우리는 다들 알고 있다. 상대적인 비교를 통한 비난이 훨씬 더 내면을 아프게 한다는 사실을 말이다. 대체 언제부터 우리는 배우자의 내면에 더 깊은 상처를 주고 싶어진 것일까? 언제부터 배우자가 상처받는 것을 더 이상 염려하고 걱정하지 않게 된 걸까? 그 시기는 대개 어떤 이유로 애착이 손상되기 시작한 순간일 것이다.

summary

1) 현명한 부부는 결코 타인과 비교하며 서로에게 변화를 요구하지 않는다.

2) 하지만 애착이 손상되면 부부는 서로를 타인과 비교하며 어리석게 행동한다.

3) 타인과의 비교는 관계 개선이 아니라, 서로를 비난하고 책임을 떠넘기기 위한 수단이다.

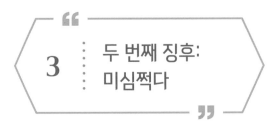

두 번째 징후:
미심쩍다

"확실하지 않으면 승부를 걸지 마라. 이런 거 안 배웠어?"

– 영화 〈타짜〉(2006)

하지만 애착이 손상되면 확실하지 않아도 승부를 내고 싶어진다.

많은 부부가 배우자의 외도를 의심하며 진료실을 찾는다. 대개
아내가 남편의 외도를 의심하는 경우가 많다. 하지만 맞벌이 부부
가 증가하면서 남편이 아내의 외도를 의심하는 경우도 적지 않다.
확실한 물증이 있다면 법원에 갔을 테지만, 사실 부부는 심증만 갖
고 있다. 그런 상황에서 부부는 심리학적 평가를 통해 배우자의 외
도 또는 자신의 결백함을 밝혀 달라고 요구한다.

하지만 나는 외도 여부를 판정하기보다 부부가 현재 위기에 이르기까지의 과정을 파악하는 것에 몰두한다. 이미 예전부터 부부의 애착이 손상된 것은 아닌지 말이다. 이유는 애착 상태에 따라 상황을 바라보는 관점이 달라지기 때문이다. 애착이 손상된 상태에서 상황을 오판하는 것만은 반드시 막아야 한다.

외도를 추궁하는 이가 흔히 인용하는 말이 있다.

"평소와는 달리 배우자가 갑자기 잘해 주면 의심해야 한다."

이는 외도를 의심하는 근거로 자주 언급된다. 물론 실제로 배우자가 외도했을지도 모른다. 하지만 치료자는 배우자의 호의가 외도를 의심하는 근거로 사용되는 배경에 집중한다. 대개 이들 부부의 애착은 이전부터 깨져 있었다. 그런 이유로 외도에만 치료의 초점을 맞추지 않는다. 우선 기저에 자리한 애착을 평가하고 회복시키는 것이 치료자의 역할이다.

애착이 회복된 후에도 외도 여부를 계속 논쟁할지는 부부의 선택이다. 마치 안경사가 시력을 교정해 주고 나서 손을 떼는 것처럼 말이다. 시력을 교정해 준 후에 세상을 어떻게 바라볼지는 당사자의 선택이다. 대개 외도 여부는 이미 기름통이 엎어진 거실 바닥에 떨어진 불쏘시개였다. 기름통이 엎어져 있지 않았다면 불은 번지지 않았을 것이다.

우리는 전체 사물에서 보고 싶은 것만 본다. 마찬가지로 우리는 배우자의 장단점 중 보고 싶은 것만 본다. 그리고 그것을 결정하는 것은 배우자에 대한 애착이다. 만약 당신이 배우자의 호의를 부정적인 관점으로 바라보게 된다면, 부부의 애착은 이미 손상되어 있을 것이다. 애착이 깨지면 믿음도 깨지기 때문이다.

물론 호의가 외도를 의심받는 근거로 사용되면 배우자 역시 화가 날 수 있다. 하지만 여기서도 서로의 관점 차이에서 오해가 비롯될 수 있음을 알아야 한다. '평소와는 달리 갑자기 배우자가 잘해 주면 의심해야 한다'라는 문장을 두고서 당신은 '평소와는 달리 갑자기'에, 배우자는 '배우자가 잘해 주면 의심해야 한다'에 초점을 두고 해석하기에 오해가 더욱 커지는 것이다. 당신은 배우자가 잘해 주는 것이 문제가 아니라, 평소와는 다른 모습이기에 불안을 느끼는 거라고 명확하게 표현해야 한다. 그러면 서로 간의 오해에서 비롯되는 감정적 소요를 줄일 수 있을 것이다.

그렇다면 한번 살펴보자. 문제는 잘해 주는 행동 자체가 아니라 부정적인 관점을 갖게 만든 평소 배우자의 모습이다. 그리고 배우자의 어떤 모습이 애착을 손상시킨 것인지 기억을 한번 더듬어 보도록 하자.

예를 들어, 아내가 하루 종일 아기를 돌보다가 지쳐서 남편에게 도움을 청했으나 번번이 거절당한 상황을 한번 보자. 아내는 아픈 아기를 간호하느라 한숨도 못 잤고, 아기를 업고 밀린 집안일을 하느라 허리가 부서질 듯이 아팠다. 아내의 마음속에 서운함이 커질수록 남편에 대한 애착도, 믿음도 사라져 갔다.

그런데 만약 남편이 갑자기 아기도 돌보고 설거지도 다 하겠다고 호기롭게 말한다면 아내는 어떤 기분이 들까? 너무 힘들어서 도움을 요청했을 때는 먼 산만 보던 남편이 갑자기 상반된 모습을 보인다면, 아내는 과연 기쁘게만 느껴질까? 남편은 아내가 즐거워하지 않는다고 해서 비난할 수 있을까?

여기서 말하고 싶은 것은, 애착이 깨진 상태에서는 부정적인 상황이든 긍정적인 상황이든 결국 부정적으로 해석될 수 있는 소지가 크다는 것이다. 어차피 부부가 느끼는 감정은 상황을 바라보는 관점에 따라 결정되는 것이고, 그 관점을 결정하는 중요한 요소가 바로 애착이라는 말이다.

부부 상담 중 이를 설명하면 다수의 부부는 이에 수긍하고 관계를 탐구하고자 하지만, 일부는 여전히 외도라는 그물 안에서 벗어나질 못한다. 외도를 의심하는 이는 그럼 내가 착각하는 거냐고 흥분하고, 외도를 의심받는 이는 안도의 한숨을 내쉰다.

사실 애착이 손상되면 상황에 대한 부정적 해석이 가능하다는 말에 당신이 흥분할 것도 없고, 배우자 역시 안도할 것 없다. 법정에서 유죄는 영어로 guilty지만, 무죄는 innocence가 아니다. 무죄가 결백함을 뜻하는 것은 아니라는 것이다. 법정에서 무죄는 not guilty로, 유죄 판정할 근거를 찾지 못했을 뿐이다. 이는 정신과에서도 마찬가지이다.

외도하지 않았다는 사람은 결국 두 가지 부류로 나뉜다. 진짜 외도하지 않은 부류와 외도를 들키지 않은 부류로 말이다. 둘 중 어느 쪽이 진실인지는 알 수 없을뿐더러, 상담에서 집중해야 하는 주제도 아니다. 우리는 보다 명확한 주제에 집중하며 관계를 개선하기 위한 노력을 해야 한다. 그런 의미에서 애착이 손상되어 있다는 것은 부부 중 누구도 부정할 수 없는 명확하고 개선 가능한 주제이다. 그간 배우자의 외도를 확신했지만, 치료를 통해 애착을 회복하고 나면 상황을 바라보는 관점은 달라진다. 그러한 이유로 명백한 근거가 없다면, 우선 부부는 기저에 자리한 애착을 먼저 살펴봐야 한다.

외도를 의심하는 이도 괴로운 건 마찬가지이다. 배우자의 외도가 사실로 밝혀져도 불편한 진실이기 때문이다. 그래서 질문한다.

"배우자의 외도를 아는 것이 힘일까요, 모르는 것이 약일까요?"

가끔 대답하기가 너무 신중해지면 단 한마디도 내뱉지 못하는 상황이 있다. 이런 질문을 받은 상황은 대개 그러하다.

만약 대장장이에게 '제가 칼을 갖는 것이 힘이 될까요, 아니면 갖지 않는 것이 약이 될까요?'라고 묻는다면 어떨까? 아무리 돈에 눈이 먼 대장장이라고 해도 칼이 힘이고 힘이 곧 칼이라고 답할 수 있을까? 자신이 건네는 칼이 호신용일지 살인용일지를 모르고서 칼이 곧 힘이라고 말하기는 어렵다. 나도 마찬가지다. 반드시 당신이 행복해진다는 보장만 있다면, 나도 아는 것이 힘이라고 말할 것이다. 하지만 보장 같은 이상적인 것에 기대어 답을 할 수는 없다.

그 순간 나는 지극히 현실주의자로서 답을 한다. 정답은 없다. 그저 선택이다. 뭘 선택해도 후회는 한다. 그나마 덜 후회하는 선택을 하는 것이다. 인생은 항상 두 갈래 길이다. 어느 길을 선택해도 가보지 않은 길을 곁눈질하게 된다. 가 보지 않은 길은 항상 아름다운

꽃길이었을 것 같다. 막상 가 보면 그렇지도 않은데 말이다. 그래서 무엇이 힘이고 무엇이 약일지 대신 답할 수 없다. 힘이 될지 약이 될지는 선택 이후 당신이 어떻게 살아가느냐에 달린 것이다.

하지만 대장장이도 이 말은 할 것 같다. 칼을 쓸 줄 모르면서 칼을 갖는 것만은 피하시라고.

나도 이 말은 할 것 같다. 다 모르면서 다 안다고 오해하는 것만은 피하시라고. 다 모르면서 다 안다고 착각하는 건 언제나 쥐약이다.

summary

1) 부부의 애착에 따라 상황을 판단하는 관점이 달라진다.

2) 애착이 손상되면 더욱 부정적인 관점으로 상황을 판단한다.

3) 중요한 판단은 애착을 회복하는 노력을 먼저 한 후에 내려도 늦지 않다.

세 번째 징후: 말투가 달라졌다

"너도 진짜 사랑 한번 해 봐. 그 사람 말투가 조금만 틀려져도
얼마나 가슴 아픈지."

– 영화 〈연애의 목적〉(2005)

애착이 손상되면 말투가 달라진다. 하지만 달라진 말투에 분노하
기보다 배우자의 내면을 한번 들여다보자. 지금 당신을 아프게 하는
배우자는 전혀 즐겁지 않다.

"남편은 별일도 아닌데 욱하고 화를 내요."
"아내가 너무 짜증을 많이 내요."
"남편이 표정은 어두운데 통 말을 안 해요."

우리는 배우자의 달라진 말투 때문에 힘들다며 고충을 토로한다. 이전과 달리 배우자가 심하게 화를 내거나 예민하게 반응하면 심히 당황스럽다. 또는 혼자 침묵하며 어두운 기운을 집 안 곳곳에 퍼뜨리고 있어도 마찬가지이다. 그런 시간이 지속되다가 끝내 우리마저 분노를 터뜨리며 비난하면, 부부는 더 깊은 불화의 고리로 진입하게 된다.

평소보다 배우자가 분노, 짜증, 침묵 등과 같은 부정적인 감정을 빈번하게 표현하고 있다면, 부부 관계가 더 이상 안전 기지로서 기능하지 못하고 있을 가능성을 살펴봐야 한다. 애착이 손상되어 안전감을 느끼지 못하면, 부부는 자기 내면에 자리한 고통을 내어놓고 소통하지 않는다. 그저 분노하거나 짜증을 내며 예민한 반응을 보인다. 또는 어떠한 말도 하지 않고 침묵한다.

이 경우 당신은 배우자가 당신을 고통스럽게 만들려는 의도가 있다고 생각할 필요는 없다. 분노, 짜증, 침묵의 상태에서 배우자의 표정을 한번 보라. 당신을 힘들게 할 때, 배우자의 표정이 즐거워 보이는가? 전혀 그렇지 않을 것이다. 배우자는 당신을 고통스럽게 만들고자 화를 내거나 침묵하는 것이 아니다. 배우자 자신이 고통받고 있기에 화를 내거나 침묵하는 것이다.

부정적인 감정 표현 중 첫 번째는 예민하게 반응하며 화를 내는 것으로, 배우자의 내면은 스트레스로 인한 우울, 불안, 두려움 등의 부정적인 감정으로 고통받고 있을 가능성이 크다. 두려움이 커질수록 강아지는 큰 소리로 짖고, 공작새는 날개를 펼쳐 위압감을 주고자 노력한다. 우리 역시 이와 다르지 않다. 우리는 모두 불완전하고, 때로는 나약하다. 나약해진 우리에게 최선의 방어는 공격이다. 우리는 고통받는 내면을 방어하고자 더욱 예민하게 반응한다.

정서적으로 서로 가까이 있다고 느껴질 때는 귓속말로도 자신의 감정을 전달할 수 있다. 작게 말해도 충분히 배우자에게 마음이 전달된다는 확신이 있기 때문이다. 하지만 정서적으로 멀어진다고 느껴질 때, 우리는 결국 소리치게 된다. 소리치지 않으면 배우자에게 마음이 전달되지 않을 것 같은 두려움이 커지기 때문이다. 만약 배우자도 소리치고 있다면, 당신과 멀어지고 있다고 느끼고 있을 가능성이 크다.

그렇다면 배우자에게 '당신이 소리치지 않아도 될 만큼 당신의 이야기를 들을 준비가 되어 있다'라고 말해 보자. 그 말 한마디로 배우자는 마치 불 꺼진 지푸라기처럼 흥분을 가라앉히게 될 것이다. 또한, 배우자는 내적 안정감을 되찾고 차분하게 마음을 전달할 수 있게 될 것이다.

두 번째는 어두운 표정을 짓고 침묵하는 것으로서, 대개 당신마저 힘들게 하고 싶지 않거나 당신과 다투고 싶지 않다는 의미이다. 지금 당신이 다그친다면 배우자는 더욱 회피적인 태도를 보이며 홀로 깊은 고뇌에 빠져들어가 버릴 것이다. 지금 배우자는 말하고 싶지 않다. 당신도 속이 터질 것 같겠지만, 배우자는 이미 속이 시꺼멓게 다 타 버렸다. 배우자는 자신의 어려움을 티 내지 않기 위해 혼자 모든 것을 감당하고 있다. 지금 배우자는 공감과 위로가 필요한 사람이다.

이런 경우 배우자를 무리하게 따뜻한 양지로 끌고 나오려고 하기보다 당신이 음지로 들어가는 것이 필요하다. 배우자는 당신이 이것저것 캐묻고 파헤치기보다는 그저 함께 등을 맞대고 온기를 나누길 원할 것이다. 우리가 함께하는 이 공간이 안전하다는 확신이 생기면 배우자도 마음을 내보일 것이다. 자신의 결함이나 문제점을 말하면, 당신이 부담스러워하거나 떠날지도 모른다는 두려움을 느끼는 배우자가 적지 않다. 그러므로 우선 배우자가 부부 관계에서 안전감을 느낄 수 있도록 도와줘야 한다.

만약 두려움을 가진 배우자를 양지로 빨리 끌어내기 위해 '당신이 이러고 있으니까 짜증난다', '당신 때문에 온 집안이 어둡잖아'라는 말로 재촉한다면 오히려 그를 더 위축되게 만들 뿐이다. '언제든지 준비가 되었을 때, 내가 필요할 때 나를 찾아. 그리고 이야기해. 그때까지 기다릴 테니까'라는 식의 접근이 더욱 도움이 될 것이다. 지금 어두운 표정으로 입을 꾹 다물고 있는 배우자에게 가장 필요한 것은 누구보다 고통받는 사람은 당신이라는 말 한마디일지도 모른다.

부부 관계에서 누구도 상처받지 않는 경우는 없다. 당신에게 상처를 주는 배우자라면 그의 내면에도 상처가 깊이 새겨져 있을 것이다. 이를 누군가 먼저 들여다보는 용기를 가질 때, 부부는 다시 애착을 회복하고 안전 기지를 함께 누릴 수 있게 된다.

summary

1) 애착이 손상되면 내면의 진실한 감정을 내어놓지 않고 그저 짜증을 내거나 침묵한다.

2) 고통이 심할수록 비명이 커지듯이 내면에 상처가 클수록 더욱 예민해진다.

3) 서로의 내면에 자리한 상처를 들여다보는 용기가 필요하다.

3장

부부를 위협하는 6번의 시기

> **결혼 1~2개월 전 -
> 배는 항구에 정박하기 전에
> 가장 많이 흔들린다**

"정말 결혼해도 되는 걸까?"

내가 군의관으로 복무하던 때였다. 군의관 중 결혼을 1~2개월 앞두고 있던 후배 한 명이 진료실에 부쩍 자주 찾아왔다. 그는 결혼을 앞둔 설렘과 동시에 미래에 대한 걱정, 불안을 겪고 있었다. 그는 행여 돌이킬 수 없는 선택을 돌이키고 싶어지면 어떻게 하느냐고 물었다.

나는 결혼했을 때 예상되는 불안 요소가 무엇인지 물어봤지만, 그는 없다고 했다. 그는 여자친구를 사랑하고, 그녀와 같이 있으면 행복하다고 했다. 하지만 불안과 걱정은 그와 별개였던 모양이다. 나는 결혼을 코앞에 두고 흔들리는 후배에게 말했다.

나: "배가 출항하고 나서 언제 가장 많이 흔들릴까?"

후배: "언젠데요?"

나: "**항구에 정박하기 직전**. 배는 한곳에 정박하기 직전에 가장 많이 흔들려. 지금 네가 불안하다고 해서 반드시 상황이 잘못되고 있는 것은 아냐. 마치 정박하기 직전의 배처럼, 너도 결혼을 한두 달 앞둔 지금이 가장 불안할 수 있어. 정상적으로 말이지."

우리는 시험을 칠 때도 답안지를 제출해야 하는 시점에 이르면 마음이 요동치는 것을 경험한다. 이때 확실한 근거도 없이 불안을 견디지 못하고 답을 바꾸면, 대개는 원래 답이 정답이었음을 깨닫게 된다. **바둑을 둘 때 초조하면 악수**惡手**를 두는 것처럼**, 중요한 선택은 시간을 두고 차분하게 판단해야 한다. 결혼 전 불안을 대하는 우리의 태도는 그 어떤 선택보다도 그래야 한다.

중요한 것은, 만약 당신이 지금 결혼을 앞둔 상황이라면 현재 느껴지는 불안이 객관적인 근거를 가졌는지 신중하게 살펴봐야 한다. 결혼 전 여성에겐 자녀 출산과 양육에 대한 걱정, 남편에 대한 불신, 시댁과의 갈등 등이 불안을 느끼게 만드는 주된 원인이다. 결혼 전 남성은 아내와 자녀에 대한 책임감을 이유로 불안을 호소한다. 결혼 전 불안은 남성보다 여성에게 더 흔히 나타나는데, 대부분은 미래에 대한 막연한 두려움인 경우가 많다.

하지만 만약 실재하는 불안 요소가 있다면, 이는 배우자와의 소통을 통해 고민을 나눌 필요가 있다. 단, 그 소통은 매우 조심스러워야 한다. 자칫 잘못하면 당신의 불안이 그저 결혼을 결정한 것에 대해 후회하는 것처럼 보일 수 있기 때문이다. 항상 더 행복한 결혼 생활을 위한 것임을 전제로 고민을 이야기해야 한다. 그렇지 않으면 당신의 불안한 모습은 결혼하기 전부터 관계를 어긋나게 만든다. 배우자 또한 결혼에 대한 기대와 동시에 불안을 느끼기 때문에 소통하는 데에 더욱 세심한 배려가 필요하다.

결혼 전에 받은 상처의 기억은 결혼 후 맞이하는 상황을 부정적인 관점으로 바라보게 한다. 실제로 부부를 상담하면 결혼 전의 기억이 불화의 시작인 경우가 적지 않다. 결혼과 동시에 이전 기억은 리셋될 거라고 믿는 이들도 있지만, 배우자는 그렇지 않다. 진료실을 찾은 아래 40대 부부도 마찬가지였다.

부부의 상담 주제는 남편의 외도였다. 아내는 수개월 전부터 남편이 직장에서 전화를 받으면 평소와 달리 목소리가 무겁고 차분하다고 한다. 남편은 직급 때문에 어쩔 수 없다고 했지만, 아내는 외도를 추궁했다. 남편은 답답해하며 불같이 화를 냈다. 불화가 깊어진 부부는 결국 상담을 요청했다.

나는 아내에게 직장 내에서의 남편의 차분한 목소리를 외도 프레임으로 보는 다른 이유가 있는지 물어보았다. 과거의 상처 기억은 같은 상황에 놓였을 때 부정적인 해석을 유발하기 때문이다. 아내는 어렵지 않게 결혼 이전 기억을 떠올렸다.

아내는 결혼을 약속하고 상견례까지 마치고 난 뒤에 남편과 결혼하는 것이 두렵고 불안했다. 결혼 후 자신이 모르는 남편의 모습을 알게 되면 어쩌나 싶기도 하고 말이다. 때마침 그가 회식하고 나서 다음 날이 돼서야 연락이 되는 일이 있었다. 그는 회식 때 술을 너무 많이 마셔서 연락을 못 했다며 연신 사과를 했지만, 아내는 그에 대한 불신이 지워지지 않았다. 그 일이 있고 난 뒤 그가 그녀를 계속 안심시켜 줘서 믿고 결혼했지만, 그녀는 남편이 뭔가 평소와 다른 모습을 보이면 불안하고 의심스러웠다고 한다.

자, 그녀가 이와 같은 결혼 전 기억을 갖고 있다면 현재 남편의 행동에 대한 중립적인 해석이 당연할까? 이성은 그녀에게 중립적이어야 한다고 하지만, 감정은 왜곡된 해석을 하도록 만들 것이다. 아내는 현재 남편의 모습을 중립적으로 바라보기가 힘들다고 인정했다. 남편은 그 당시 결혼을 앞두고 행복해야 할 아내에게 깊은 상처를 준 것 같다며 고개를 숙였다.

이처럼 결혼 전의 상처 기억은 결혼 시작부터 서로에 대한 편견을 갖게 하여 부부 불화를 유발하는 위험 요소가 된다. 이는 본 경기가 시작되기도 전에 부상을 입은 것과 같다. 결과는 불 보듯 뻔하지 않겠는가.

결혼을 준비하면서부터 이미 결혼 생활은 시작된다. 결혼 준비가 시작되는 순간부터 결혼의 이상적인 측면보다 현실적인 측면이 도드라지기 때문이다. 결혼을 결심하고, 상견례를 하고, 혼수를 준비하고, 집을 알아보는 과정에서 부부는 크고 작은 갈등을 겪는다. 결혼 이후에는 이보다 더 많은 현실 문제에 부딪힐 것 같은 걱정도 앞선다.

하지만 당신이 결정을 번복해야 하는 실재적인 이유가 없다면 결혼 전에 느끼는 불안과 두려움은 배가 정박하기 직전에 겪는 흔들림 같은 것이다. 배에서 내리면 더는 흔들리지 않듯이, 결혼식이 끝나면 불필요한 걱정은 사라지고 마음이 차분해질 것이다. 그리고 다가오는 진짜 현실을 침착하게 마주하면 된다.

summary

1) 결혼을 앞두면 막연히 불안하거나 걱정스러울 수 있다.

2) 다만, 실재하는 불안 요소가 있다면 행복한 결혼 생활을 전

제로 대화하며 풀어야 한다.

3) 결혼 전의 상처 기억은 결혼 후에도 편견을 갖게 하므로 반

드시 풀고 넘어가야 한다.

영화 〈내 아내의 모든 것〉(2012)에서 주인공 부부는 일본이라는 낯선 곳 그리고 지진이라는 위급한 상황에서 처음 마주친다. 낯선 곳, 낯선 상황에서 마주한 두 사람은 감미로운 생경감을 느끼며 서로에게 빠져든다. 그리고 설렘에 취해 결혼한다. 하지만 결혼 후 그들은 매일 불행하다고 말한다. 결혼 후에는 더 이상 낯선 장소도 설렘도 그들에게 주어지지 않았기 때문이다. 마치 밤 12시가 지난 후 신데렐라가 마주한 현실처럼, 그들도 결혼과 함께 무미건조한 현실과 마주한다. 그들은 서로에게 사기를 당한 것처럼 억울해하지만, 원래 결혼은 현실이다. 그들에게도, 우리에게도.

영화 속 남편은 아내의 불안함이 예민함과 종이 한 장 차이였고, 보호본능을 불러일으키던 여린 모습도 부담스러울 만큼 의존적인 기질의 표현이었음을 깨닫게 된다. 그가 좋아하던 그녀의 요리, 그녀의 벗은 몸, 그녀의 재잘거림은 결혼이라는 관문을 통과한 후 그가 싫어하는 것들이 되어 버렸다. 남편은 이혼하기 위해 카사노바에게 아내를 유혹해 달라고 요구하지만 얼마 후 자신의 요구를 취소한다. 그는 그녀가 달라졌다고, 예전처럼 너무나 매력적으로 바뀌었다고 카사노바에게 애걸한다. 하지만 카사노바는 그의 멱살을 잡고 나지막이 말한다.

"네가 변한 거겠지."

만약 당신도 배우자가 결혼 후 달라졌다고 느낀다면 이유는 무엇일까? 당신의 배우자가 달라진 걸까? 혹시 당신이 달라진 건 아닐까? 대부분의 부부는 서로 상대방이 달라졌다고 말하겠지만, 사실 결혼 이후 달라지지 않는 사람은 없다. 당신도, 그리고 당신의 배우자도.

결혼 후, 변화는 당연하고 피할 수 없다. 어떻게, 얼마나 달라졌느냐의 차이일 뿐, 부부는 모두 결혼과 동시에 이전과 다르다. 상황이 바뀌었는데 서로를 바라보는 관점이 같을 수 없고 생각이 같을 수 없다. 물에서 구해 놨더니 보따리 내놓으라고 한다며 비난하지만, 물에서 허우적대며 죽어 가던 때와 살아난 이후는 당연히 생각이 다를 수밖에 없다. 죽어 갈 때는 무조건 살고 싶은 거고, 살고 나면 보따리도 당연히 챙기고 싶은 것이다.

상황이 달라지면 생각도 달라지는 것임을 부부는 수용할 수 있어야 한다. 그렇지 않으면 배우자의 의도를 잘못 추정하고 오해해서 불화를 겪게 된다. 부부들 대부분은 결혼 후에도 서로를 아끼고 사랑한다. 다만 결혼 전과는 다른 방식으로 사랑하고, 그것을 표현할 뿐이다.

대개 부부는 결혼 후 서로에 대한 기대를 현실적인 수준으로 수정하고 이를 수용하는 과정을 겪는다. 하지만 이를 수용하지 못하고 자신의 이상적인 기대에 일일이 배우자를 맞추려 할 경우, 갈등은 커진다. 이는 **마치 기성복**ready-made cloth **매장에 가서 맞춤복** tailor-made cloth**을 요구하는 것처럼 부당한 요구이다.** 분명한 것은, 우리가 누구와 결혼을 할 것인지 결정하는 과정은 맞춤복을 맞추는 것이 아니라 기성복을 고르는 과정이라는 것이다.

애초에 배우자는 맞춤복처럼 내게 딱 맞을 수가 없다. 배우자는 마치 재단사가 신체를 직접 측정해서 제작하는 맞춤복처럼 출생과 동시에 나의 성격과 가치관에 맞춰서 제작되는 사람이 아니기 때문이다. 이미 제작되어 매장에 걸려 있는 다양한 기성복 중 내 신체에 가장 잘 맞는 옷을 고르듯이, 우리는 이미 성격과 가치관이 형성된 많은 사람 중 나와 가장 잘 맞는 이를 배우자로 고르는 것이다.

기성복은 허리가 맞으면 허벅지가 안 맞을 수 있고, 어깨가 맞으면 팔 길이가 안 맞을 수 있다. 배우자 또한 어떤 부분은 내게 맞고 어떤 부분은 맞지 않는다. 기성복을 고를 때 허리가 중요하면 허벅지는 포기하는 거고, 어깨가 중요하면 팔 길이는 포기해야 한다. 배우자 또한 중요한 몇몇 주제에서 가치관이 잘 통한다면 어느 부분에서는 다름을 수용해야 한다.

단, 기성복을 구매한 후 추가적인 부담을 감수하며 옷 수선을 맡길 수는 있다. 이처럼, 우리 역시 결혼 후 서로 원하는 것을 요구하고 개선하며 더 나은 방향으로 맞춰 나갈 수는 있다. 다만 애초에 기성복을 사 놓고 특정 부분이 안 맞는다고 화내는 태도는 옳지 않다는 것이다.

만약 배우자가 당신의 기준에 딱 맞는 가치관과 행동을 보인다면 좋아하고만 있을 것이 아니라, 한 번쯤은 배우자를 보고 물어봐야 한다. 당신도 행복한 삶을 살고 있느냐고, 혹시 나의 행복을 위해 희생하고 있는 것은 아니냐고 말이다. 만약 배우자의 일방적인 희생이 만들어 내는 맞춤복이라면, 이 부부가 과연 바람직한 행복을 느끼고 있는 것일까? 그건 아닐 것이다.

부부는 더 나은 관계를 위해서 기본적인 예의나 소통 방식을 더 적극적으로 개선하고자 노력해야 한다. 하지만 자신이 가진 이상적인 기준에 맞춰 배우자를 박제하려는 시도는 결코 행복을 위한 길이 아니다.

summary

1) 결혼 후 부부의 변화는 당연하고, 피할 수 없다.

2) 결혼 후에도 부부는 서로를 사랑한다. 다만 결혼 전과 다른 방식으로 아끼고 사랑한다.

3) 결혼 후 부부는 서로에 대한 이상적인 기대를 현실적으로 수정할 수 있어야 한다.

3 임신 기간 - 축복이라고 해서 힘들지 않은 건 아니다

　　30대 부부가 진료실을 찾았다. 남편은 아내에게 따지듯이 말한다.

　　"임신했는데 기뻐해야 하는 거 아냐? 항상 불만만 가득한 이유가 뭐야? 그래서 아기를 지우면 네가 원하는 걸 얻는 거야? 그걸 원해?"

　　남편은 아내가 임신 후 웃음을 잃었고, 임신을 너무 빨리한 것 같다며 후회하는 모습을 자주 보였다고 한다. 하지만 아내의 후회는 이유 없이 늘어놓는 투정이 아니었다.

　　아내는 임신 후 이내 입덧을 시작했고 잦은 오심과 구토 증세는 업무에 집중하기 힘들 정도였다. 또한, 부부는 대출을 받아 아파트를 장만했기 때문에 맞벌이를 해야 하는 상황이었는데, 양가 모두 아기를 돌봐 줄 수 있는 상황이 아니었다. 그래서 결혼 3년 후에 임신을 하기로 계획하고 있었는데 결혼과 함께 임신이 된 것이다. 아내는 임신뿐만 아니라 출산 이후를 생각하면 머리가 지끈거렸다.

남편 또한 부담스럽기는 마찬가지였다. 출산 후 자신도 아내와 함께 육아를 해야 하는데, 아직은 일과 육아 모두를 잘할 자신이 없었다. 아직 경제적인 기반이 마련되지 않은 상황에서 남편도 미래가 두렵기만 했다. 남편은 아내의 고충을 이해하면서도 예민한 반응을 보였고 아내를 몰아세우기까지 했다. 하지만 **남편 역시 임신이 기쁘지만은 않았던 건 마찬가지였다.**

우리는 임신테스트기에 두 줄이 선명하게 보이는 순간 자동 반사적으로 환호성을 지른다. 그리고 배우자와 껴안고 수 초에서 수 분간 기쁨의 환호를 이어 간다. 그러나 임신을 맞이한 부부로서 응당 치러야 하는 의식을 치르고 나면, 남편도 아내도 머릿속이 복잡해진다. 아주 단순하기만 했던 기쁨이 지나고 나면, 절대 단순하지 않은 고민들이 부부를 엄습한다.

임신이 된 것을 알게 된 후에 머릿속에 고민이 가득하고 표정이 어두워진다고 해서 부부가 서로를 질책할 수 있을까? 자녀를 낳고 키워 본 부부라면 다들 알 것이다. 임신이 축복이라고 해서 힘들지 않은 것은 아니듯이, 고민이 가득하다고 해서 아기를 반기지 않는 것은 아니라는 걸 말이다.

임신은 결코 단순한 사건이 아니다. 인생에서 있어서 다섯 손가락에 꼽을 만큼 중요한 사건이다. 위 이야기처럼 남편이 임신한 아내가 겪는 변화에 관심을 기울이지 않는다면, 아내에게 임신은 결코 행복 가득한 시간이 될 수 없다.

남편 또한 마찬가지이다. 임신 사실을 전해 들은 남편은 대부분 자신이 느끼는 기쁨의 감정만을 아내에게 이야기한다. 하지만 남편에게도 역시 피할 수 없는 걱정과 고민이 존재한다. 경제적인 고민에서 자녀 양육과 관련된 고민까지 말이다. 이러한 고민들은 부정하고 임신을 기뻐하기만 할 필요는 없다. 남편도 마찬가지로 임신이 기쁘다고 해서 고민스럽지 않은 것은 아니기 때문이다.

또한, 남편은 임신한 아내에게 자기처럼 기뻐하라고 강요해서는 안 된다. 왜냐하면 아내는 남편보다 훨씬 힘들기 때문이다. 그것은 마치 자신은 총만 메고 가면서 40킬로그램 완전 군장을 메고 걷는 동료에게 웃으라고 요구하는 것과 같다.

부부가 서로를 이해하기 위해서는 남녀의 기본적인 차이를 아는 것이 중요하다. 아는 만큼 보이듯이, 남녀의 차이를 아는 만큼 소통에 도움이 된다. 그렇다면 임신한 여성은 어떤 어려움을 겪는 것일까? 조남주 작가의 저서인 《82년생 김지영》(2016)을 통해 한번 알아보자.

임신은 소설 속 김지영에게도 마찬가지로 힘든 시간이었다.

첫 번째로, 임신 기간 중 김지영은 다양한 신체 증상을 겪는다. 그녀는 공기만 삼켜도 입덧을 했고, 소화 불량과 변비는 물론 항상 피곤하고 졸려서 업무 처리도 힘들었다. 아랫배는 항상 묵직했고, 찌릿찌릿한 허리 통증도 끊이지 않았다. 두 번째로, 그녀는 직업적인 갈등과 고민에 직면했다. 직장 동료는 그녀에게 퇴근이 30분 빨라져서 좋겠다며 비아냥거리듯이 말했다. 또한, 그녀는 직업적 경력이 단절되는 위기에 놓였다. 마지막으로, 그녀는 임신 기간 내내 출산 후의 자녀 양육을 걱정했다. 양가 모두 아기를 돌봐 줄 여력이 되지 않을뿐더러 야근이 잦은 직업 특성상 어린이집도 대안이 될 수 없었다.

임신한 김지영은 자아를 실현하고 싶은 욕구와 자녀를 남에게 맡기지 않고 직접 잘 키우고 싶은 욕구 사이에서 내적 갈등을 겪는다. 모든 엄마는 아기를 행복하게 키워 내고 싶어 한다. 책 속 김지영도 그런 여성 중 한 명일 뿐이다. 이 세상 모든 여성은 임신과 동시에 이미 엄마이다.

임신한 여성은 유한한 기쁨과 동시에 무한한 책임을 갖게 된다. 그래서 임신 기간에 우울감을 호소하는 예도 적지 않다. 하지만 대개 산후 우울증에 대해서는 알아도 임신 중 우울증에 대해서는 잘 모른다. 국내에서 정신건강의학과 교수 팀이 임산부 3,800명을 조사한 결과, 임신 중 우울증이 산후 우울증보다 높은 발병률을 보였다. 그리고 임신 기간 중 12주까지에 해당하는 임신 초기에 가장 높은 임신 중 우울 증세를 보였다. 이는 임신 초기 신체 변화에 적응하는 어려움, 유산abortion, 流産에 대한 걱정 등이 영향을 미치는 것으로 추정한다. 또한, 임신 초기에 남편의 공감과 지지가 부족한 경우도 원인이 될 수 있다.

다수의 남편은 아내가 임신 기간에 어떤 변화를 겪는지 잘 모른다. 흔히 알고 있는 배 나오고 입덧하는 것 외에도 임신은 아내에게 많은 변화를 요구한다. 여성이 임신 기간에 어떠한 변화를 겪는지를 한번 알아보자.

우선 임신 기간 동안 아내는 잦은 기분 변화를 보일 수 있다. 이는 신체 증상에 의한 일상생활의 어려움, 체형 변화로 인한 스트레스, 호르몬 변화, 자궁 내 태아의 건강에 대한 부담, 출산 과정 및 출산 이후 양육에 대한 부담, 경제적인 부담 등이 원인이 될 수 있다. 마치 월경 전 증후군처럼 짜증이 늘고 감정 기복이 심해질 수 있다. 그 외에 여성이 겪는 신체 변화로는 다음과 같은 증세가 있다.

임신 기간 중 아내가 겪을 수 있는 신체 증상

1. 열감
2. 오심, 구토
3. 유방 부위 통증
4. 위산 역류로 인한 가슴 통증
5. 빈뇨 등의 비뇨기계 증상
6. 변비
7. 소화 불량
8. 피로감
9. 어깨, 등, 허리 및 골반 부위 통증
10. 성교통
11. 임신성 당뇨
12. 임신 중독증

임신 10주 이후 질 분비물의 양이 늘어나고 성교통 증가로 인해 대부분의 여성은 임신 전보다 남편과의 성관계가 불편해진다. 물론 임신 기간에도 성관계를 가질 수는 있지만, 수많은 신체 증상에 지친 아내에게 남편의 요구는 버거울 수 있다. 임신 기간에 성관계를 거부하는 아내를 보며 일부 남편은 사랑이 식었다고 생각하지만, 아내는 그저 임신 중 겪는 어려움에 시달리는 것이다. 아내는 안 하는 것이 아니라 못 하는 것이다.

남편의 공감과 지지는 아내가 임신 기간을 잘 버텨 내게 해 주는 필수적인 요소이다. 그런데 임신 기간 중에 힘들어하는 아내를 보며 '다들 잘 지내던데 당신만 유독 힘들어한다'라고 말하는 남편이 있다. 아내를 지지하는 데에 돈이 드는 것도 아닌데 왜 그리 박하게 구는 걸까? 사실, 그렇게 말하는 남편도 나름의 이유는 있다.

영화 〈베테랑〉(2015)에서 배우 유아인은 '문제 삼지 않으면 아무 문제가 안 되는데 문제로 삼으니까 문제가 된다고 했어요'라고 하면서 고통받는 이들이 그저 침묵하기를 요구한다. 그 이유가 무엇일까? 단순하다. 상대방이 고통받는 책임이 자신에게 있다고 생각하기에 그가 그저 침묵하기를 원하는 것이다. 그렇다면 임신한 아내가 고통을 참고 그저 즐겁고 행복해하기만을 바라는 이유는 무엇일까? 마찬가지다. 아내가 고통받는 책임이 자기 자신에게 있다고 생각하기 때문이다.

하지만 중요한 차이가 있다. 극 중 유아인에겐 그들을 고통받지 않게 해 줄 힘이 있다. 하지만 남편에겐 아내가 고통받지 않게 만들어 줄 힘이 없다. 그런데도 남편은 자신에게 책임을 묻는다. 결국, 남편은 자신의 무능함을 인정하지 않고 아내가 침묵하기를 요구한다. 아내에 대한 질책은 사실 임신한 아내를 행복하게 해 주지 못하는 남편 자신에 대한 질책이다. 하지만 그렇다 한들 무슨 의미가 있는가? 이러한 남편을 보며 아내는 더욱더 소외되고 고립되는 느낌만 커질 뿐이다.

모든 것은 과유불급이다. 아내가 비바람을 맞는 상황에서 신도 아닌 당신이 비바람을 멈추게 만들 수는 없다. 그저 당신은 몸으로 아내를 감싸 비바람으로부터 지켜 줄 수 있을 뿐이다. 아무리 당신이 몸으로 막아도 아내 역시 비를 맞을 수밖에 없지만, 당신의 체온이 아내를 따스하게 만들어 줄 것이다. 당신이 임신을 맞이한 아내에게 해 줄 수 있는 것도 이와 다르지 않다.

임신 중인 아내는 고통을 피할 방법이 없다. 임신 자체가 너무나도 힘든 일이기 때문이다. 당연히, 임신한 아내가 겪는 고통을 당신이 없앨 방법은 없다. 당신의 무능함을 인정하자. 그저 당신은 공감하고 지지하며 아내의 마음을 따스하게 만들어 줄 수 있을 뿐이다. 남편이 아내를 위해 더 많이 노력하는 것도 좋다. 하지만 아내가 가장 필요로 하는 것은 남편의 공감과 지지임을 잊어서는 안 된다. 최소한, 다들 잘하는데 너만 못한다며 임신한 아내의 속을 뒤집지나 말자. 잊지 말자. 가만히라도 있으면 50점이다.

summary

1) 임신을 맞이한 부부는 기쁨만 나눌 것이 아니라 고민도 나눌 수 있어야 한다.

2) 여성은 임신과 동시에 엄마가 된다.

3) 임신 중인 아내에게 가장 필요한 것은 남편의 지속적인 공감과 지지이다.

출산 이후 여성의 삶도 한번 들여다보자. 다시 《82년생 김지영》 (2016)이다.

그녀는 출산 이후 부쩍 우울하고 예민해졌다. 그녀는 양가 부모의 도움을 받을 수도 없고, 갓 태어난 아기를 남의 손에 맡기기도 두려워 결국 직장을 그만둔다. 흔히 말하는 전업주부, 독박 육아의 길로 접어든 것이다. 남편이 아닌 자신만 모든 것을 희생하는 듯한 느낌을 지울 수 없다. 그녀의 속상한 마음을 남편도 아는지 재차 아내의 자기 계발을 돕겠다고 말한다. 하지만 그건 약속 어음처럼 그때가 되어 봐야 아는 것이다. 지금 김지영에게 필요한 것은 현실적인 도움이다.

허리가 뒤틀리고 척추 끝에서부터 전달되는 통증을 겪으며 아기를 출산한 여성의 무한도전은 이제부터 시작이다. 많은 여성이 차라리 배 속에 있을 때가 나았다고 말한다. 임신 기간 중 겪는 불편과 고통보다 더 힘들다는 것은 무엇을 의미하는 걸까?

《82년생 김지영》(2016)에서 그녀는 밤낮 구분 없이 아기를 안고서 집안일을 하고 잠도 자야만 했다. 또한, 아기가 두 시간 간격으로 젖을 달라며 우는 통에 하루도 마음 편히 잠을 자지 못한다. 아기는 수시로 집 안을 기어 다니고 침을 흘리기 때문에 청소와 빨래는 더 신경 써서 자주 할 수밖에 없다. 온종일 아기를 안고 있느라 손목도 아프다. 움직이면 안 된다고 하지만 움직이지 않을 수 없다. 손목을 쓰지 말고 아기를 돌보라는 것은, 다리를 쓰지 않고 달려 보라는 것과 같다. 그녀는 여기까지 말하지만, 이것이 전부는 아니다. 이는 눈에 보이는 빙산의 일부에 불과하다.

우선 백일이 지난 아기는 부쩍 자주 아프다. 소아는 성인과 달리 고열이 자주 난다. 늦은 밤에 열이 나면, 남편을 깨워서 응급실에 가야 할지 아니면 다음 날 소아과를 가도 되는지 고민된다. 이유를 불문하고 아기가 아프면 엄마는 자신이 잘 돌보지 않아서 아픈 것 같은 죄책감이 든다. 밤에 잘 때 이불을 더 잘 덮어 줘야 했는데, 낮에 유모차를 태우고 밖에 나가지 않았어야 했는데, 기저귀를 더 일

찍 갈아 줬어야 했는데… 등등 잠도 안 자고 아기만 지켜봐도 다 해
내기 힘든 요구들을 자신에게 하게 된다.

태아 상태에서는 아무리 활개를 쳐도 자기 배 속에 있던 임신 때
와 달리 출산 이후 여성은 아기가 어디에 부딪히거나 떨어져 다치
기라도 할까 봐 노심초사하게 된다. 잘 때도 아기가 엎드려서 질식
사할까 봐 깊이 잠들지 못한다. 매일 업고 흔들어 주며 잠을 재워도
아기는 배고프다고 깨고, 소변봤다고 깨고, 대변봤다고 깨고, 옆에
엄마가 없다고 깨고, 때로는 그냥 이유없이 깬다.

육아 스트레스는 쌓여 가지만, 모유 수유 중인 여성은 아기한테
안 좋은 영향을 줄까 봐 맥주 한 캔, 커피 한잔, 매운 음식도 못 먹는
다. 여성은 잦은 몸살, 감기, 근육통에 시달려도 행여나 아기한테
영향을 줄까 봐 진통제 복용도 꺼린다. 의사는 수유 중인 여성도 복
용 가능한 약을 처방한다고 하지만, 여성은 꺼림직해서 투약을 거
부하는 경우가 허다하다.

쳇바퀴 돌듯이 그런 일들을 반복하면서 집 밖에 나가지도 못하
고 아기의 요구에 일일이 반응하다 보면, 자신이 소진되어 가는
것을 느낄 겨를조차 없다. 남편이 퇴근해서 집 현관문을 열고 들
어오는 순간, 아내는 자신이 소진되어 있음을 느끼고 녹초가 되어

버린다.

이번에는 출산 이후 남편의 삶을 들여다보자.

사실 이 시기의 남편들은 경제적인 안정성을 갖춘 경우가 거의 없다. 고용 불안정성에 긴장하며 하루하루 상사의 눈치를 보며 근무하고 있다. 지출은 늘어만 가는데 아내의 휴직으로 수익은 반토막이 났다. 호사를 누리진 못해도 최소한 아내가 아기한테 먹이고 싶은 것, 입히고 싶어 하는 것 정도는 누리게 해 주고 싶다. 아내가 이유식에 넣을 한우쯤은 마음 편히 사도록 하고 싶다. 남편도 마트에서 한우를 집어 드는 아내한테 잔소리하고 싶진 않다.

남편 역시 긴장을 유지하며 회사 업무를 하다 보면 자신이 소진되어 가는 걸 지각하지 못한다. 그러다가 퇴근해서 현관문을 열고 아내와 아기를 보는 순간, 자신 또한 소진되어 있음을 깨닫고 아내처럼 녹초가 되어 버린다.

부부는 서로 마주 보며 각자가 소진되어 있음을 느끼지만, 그렇다고 마음 편히 쉴 수 있는 건 아니다. 자신이 힘든 만큼 배우자도 힘들었음을 알고 있기 때문이다. 아이러니하지만 서로를 배려한다는 이유로 입을 닫고 있을수록 서로에 대한 불만은 쌓여만 간다.

그리고 어느 한쪽이 먼저 불만을 터뜨리는 순간, 집은 성토장이 된다.

누가 더 힘든지에 대한 논쟁은 끝이 날 리 없다. 서로가 다른 상황에서 다른 고통을 겪고 있기 때문이다. 육상 선수와 수영 선수가 서로 자기가 더 힘들다고 주장하는 것과 같다. 종목이 다른데 그런 주장이 무슨 의미가 있겠는가.

불필요한 감정적 소요를 줄여야 한다. 배우자가 알아서 가려운 곳을 긁어 주길 바라지만, 당신이 입을 다문다면 배우자는 당신의 속내를 당최 알 길이 없다. 가뜩이나 힘든 시기에 동상이몽까지 해서는 안 된다. 서로가 명확하게 요구하지 않고 미루다 보면 오해만 커져서 더 깊은 불화를 겪게 된다.

때로는 당신의 명확한 요구를 배우자가 명확하게 거절할 수 있다. 하지만 화를 낼 필요는 없다. 배우자도 가능하면 요구를 들어주고 싶은 마음이니까. 배우자가 요구를 들어주기 힘들다고 하면 나름의 이유가 있다고 생각하자. 그리고 요구를 수정하여 타협을 시도해 보자.

기업 간의 협상에서 양쪽 대표가 단번에 웃으며 악수하는 것처럼 보이지만, 그들은 이미 대표자 간의 만남 전에 수차례에 걸쳐 의견 교환이 이뤄지고 타협안을 수용한 상태이다. 그저 그날 만나서 단번에 대표자 간의 타협이 이루어진 것이 아니라는 말이다. 당신이 배우자와 요구를 주고받는 과정 또한 마찬가지이다. 단번에 배우자가 당신의 요구를 들어줄 거라는 기대는 접어야 한다. 거절당할 수 있음을 전제로 요구를 제안해야 한다. 거절은 부부가 함께 지속 가능한 타협안을 만들어 내는 데 필요한 과정이다.

어쩌면 당신은 배우자가 불만이 있어도 당신의 요구를 들어주길 바랄 수 있다. 하지만 그것이 당신을 위한 해결책은 아니다. 진심으로 배우자가 이해하고 요구를 수용하는 것이 아니라면, 결국 불만은 모호한 시기에 모호한 형태로 터져서 당신을 더욱 당황스럽게 만들 것이기 때문이다.

출산 후 여성이 힘든 또 다른 이유는, 엄마가 웃으면 같이 웃고 엄마가 울면 같이 우는 아기를 보면서 무한한 책임감을 느끼기 때문이다. 출산 후 아기에 대한 주된 애착 대상 또는 양육자는 대부분 아내이다. 출산 후 우울감과 무기력감이 심해져서 진료실을 찾는 여성은 한결같이 아기의 요구에 민감하게 반응해 주지 못하는 것 같아 죄책감이 든다고 말한다. 그럼 이 죄책감은 아내만이 해결할 문제인가? 이는 부부 모두가 해결해야 하는 문제이다.

우리는 남녀노소 구분 없이 자기 내면에 빈 그릇이 하나씩 존재한다. 그 그릇은 오롯이 사랑받고 인정받는 느낌을 담아 내는 그릇이다. 각자 가진 그릇의 크기도 다르고 채워진 정도도 다르겠지만, 우리는 모두 내면에 저마다의 그릇을 갖고 있다. 이제부터 이를 **내면 그릇**이라고 하자. 내면 그릇이 충분히 채워지면 우리는 긍정적인 기분이 느껴진다. 하지만 내면 그릇이 텅 비어서 공허함이 커지면 우리는 우울하고 무기력감이 느껴진다. 물론 내면이 공허해도 모성에서 기인하는 사랑으로 아기의 요구에 잘 반응하는 여성이 있다. 하지만 그것은 결코 쉽지 않을뿐더러, 내면 그릇이 오롯이 채워진 상태에서 짓는 웃음과는 다르다.

간혹 어떤 남편은 우울증을 겪는 아내를 도리어 질책한다. 아기의 내면에 부정적인 영향을 준다며 그저 아내를 탓한다. 남편도 답답하겠지만 이는 부당하다. 아기의 내면을 돌보지 못한다며 아내를 탓할 거라면, 아내의 내면을 돌보지 못한 남편은 그 책임에서 자유로울 수 있을까? 진정 아기를 위한다면 남편은 아기가 아닌 아내를 먼저 위해야 한다.

미국 정신 분석가인 하인즈 코허트Heinz Kohut는 자기심리학self psychology에서 아기가 건강한 자기를 형성하는 데 있어서 필수적인 두 가지 요소를 강조했다. **반사 자기대상**mirroring self-object, 그리고 이상적 부모상idealized parent imago이다. 전자는 자녀가 스스로에 대한 자기애를 느낄 만큼 자신을 인정해 주고 지지해 주는 대상을 의미한다. 후자는 스트레스 상황에서도 동요되지 않고 평온함을 느끼도록 도와주는 대상이다.

아내가 주된 양육자인 경우, 아내는 결국 아기에게 전자와 후자의 역할을 다 해 줘야 한다. 그리고 두 가지 역할을 잘 해내기 위해서는 아내 또한 사랑과 지지를 충분히 느낄 수 있어야 한다. 그 대신 아내에게 사랑과 지지를 제공하는 역할은 남편이 맡아야 한다.

남편도 퇴근 후 집안일 또는 육아를 하는 것에 부담을 느낄 수 있다. 하지만 아내가 가장 원하는 것은 남편의 공감이고 지지임을 잊지 말자. 집안일과 육아는 타협할 수 있다. 하지만 공감과 지지만큼은 타협할 여지가 없다.

아내는 남편이 육아를 대신해 주길 원하는 것이 아니라, 함께하는 것을 원한다. 아내는 집 밖 세상이 궁금하고 남편의 일상이 궁금하다. 또한, 아기를 보며 함께 웃는 시간을 갖고 싶어 한다. 남편과 함께 웃는 아내는 내일 다시 밝은 웃음으로 아기의 요구에 반응할 수 있다. 하지만 반대의 경우, 아내는 내일 녹초가 아니라 녹즙이 되어 있을 것이다.

1) 출산 이후 부부는 서로를 배려한다는 이유로 불만을 쌓아 둔다.

2) 하지만 부부는 힘들수록 서로에게 더욱 명확하고 구체적인 요구를 제시해야 한다.

3) 가뜩이나 힘든 시기에 각자 불만을 쌓아 두며 동상이몽까지 해서는 안 된다.

5

> **폐경 이후 - 홀가분할 것
> 같았는데 홀가분하지 않다**

50대 여성인 그녀는 불면증을 이유로 진료실을 찾았다. 그녀는 일주일에 이틀 이상은 뜬눈으로 밤을 새운다고 한다. 자다 깬 남편은 소파에 멍하니 앉아 있는 그녀를 보면 그저 한숨만 쉬고 방으로 다시 들어간다. 처음에는 남편도 원인을 같이 찾아보려 했다. 그러나 가족 중 아무도 그녀를 힘들게 하는 사람은 없었다.

남편은 그만 끙끙대고 병원에 가 보라고 했지만, 그녀는 병원에 갈 기력조차 없다. 그녀는 매일 무기력하고 여기저기 아픈 곳이 늘어만 갔다. 무엇보다 기분이 즐겁지가 않았다. 종일 TV를 켜 놓지만 보려고 켜 놓는 건 아니다. 그저 그녀는 자기 혼자 남은 집 안에 TV 소리라도 들리지 않으면 미칠 것 같아서 켜 놓을 뿐이다. 그녀는 정말 미쳐 가는 걸까? 아니다. 그저 흔한 폐경기 여성의 우울증일 뿐이다.

폐경기 우울증을 이해하기 위해 먼저 폐경기 여성이 겪는 어려움을 알아보자.

폐경이 갖는 의미는 무엇일까? 폐경은 신체 노화 등의 이유로 배란이 되지 않아 여성의 월경이 중단되는 현상이다. 즉, 임신 가능성이 사라진 상태를 의미한다. 흔히 갱년기라고 하는 것은 노화 또는 질병에 의해 난소 기능이 쇠퇴하면서 폐경과 연관된 심리적 및 신체적 변화를 겪는 시기를 말한다.

우리나라 여성은 대개 만 12~15세경 초경을 경험한다. 이후 월경은 성인 여성이 겪는 정상적인 생리 현상으로, 심리적으로는 여성성을 상징하는 요소 중 하나이다. 하지만 성인 여성의 약 40퍼센트가 월경 전 증후군을 겪을 만큼 월경 자체는 불편한 생리 현상이다. 그러다가 여성은 50세 전후로 폐경을 맞이한다. 그럼 이제 여성은 홀가분해지는 걸까?

상당수 여성은 폐경 이후에 더 힘들다고 말한다. 폐경 이후 여성은 어떤 증세를 겪을까? 우선 신체적으로는 여성 호르몬이 결핍되어 안면 홍조, 빈맥, 발한 증세를 겪는다. 반복적인 발한 및 안면 홍

조로 인해 불면증도 나타난다. 여성 호르몬 부족으로 인해 질 내 건조, 질 위축증이 나타나고 여성은 성교통을 겪는다. 그 외에도 골다공증, 혈중 콜레스테롤 및 관상동맥 질환이 증가하고, 다양한 신체적 불편감이 동반된다.

심리적인 증세로는 호르몬 및 환경 변화로 인한 우울감, 노화에 대한 두려움, 기억력 저하, 피로감을 겪는다. 전업주부일수록 **빈 둥지 증후군**empty nest syndrome을 겪을 가능성이 크다. 이는 자녀가 학업 또는 취업을 이유로 집을 떠나고, 남편은 아직 경제 활동 중인 시기에 혼자 집에 남은 여성이 내적 허무, 고립감, 우울감, 무기력감 등을 겪는 것을 가리킨다.

폐경기 우울증을 겪는 여성은 어린 자녀를 키우던 그때 그 시절을 그리워한다. 자녀를 잘 키우고 화목한 가정을 이루기 위해 노력했던 과거의 자신을 그리워하는 것이다. 하지만 현재의 그녀는 아내로서, 엄마로서, 여성으로서 쓸모없는 존재가 되었다는 생각이 들어 자기 자신이 초라하게 느껴진다. 그녀는 웃음이 사라지고 무기력해진다. 그녀는 점점 더 깊은 나락으로 떨어진다. 그렇지만 그녀가 과거로 돌아갈 방법은 없다. 그녀는 **과거 지향적인 관점을 떨쳐버리고 현재의 자신을 돌보며 삶의 목표를 재정립해야 한다.** 그녀는 자신의 삶을 어떻게 바라봐야 할까?

독일 출신의 정신 분석가인 에릭 에릭슨Erik Homburger Erikson은 인간의 발달을 8단계로 나누고 단계별로 달성해야 하는 발달 과업을 제시했다. 대개 40대 여성은 7단계에 속하며, 이 시기의 발달 과업은 생산성이다. 이 시기는 생산적인 일에 몰두하고 자녀 양육에 몰두하는 시기로서, 국가와 가정에서 중추적인 역할을 맡게 된다. 중요한 역할을 수행하는 7단계에서 8단계인 노년기에 가까워질수록 그녀는 자신을 필요로 하지 않는다는 느낌이 커진다. 하지만 8단계는 매우 중요한 삶의 의미를 갖는 시간이다.

8단계는 우리가 인생을 되돌아보는 시기로, **통합**이라는 **발달 과업**을 수행해야 한다. 발달 과업으로서의 통합은 유한한 인생에 대한 통찰을 가지고 삶을 되돌아보며 과거와 현재를 수용하는 것이다. 결국, 인간의 삶은 유한하고 인간의 몸은 언젠가 그 기능을 다하는 소모품이다. 우리 뇌는 굳이 치매가 아니더라도 노화되어 점차 위축된다. 또한 심장, 폐, 관절 등도 기능이 쇠퇴한다. 우리 몸도 자동차처럼 연식이 있다. 노화를 부정하고 항상 신차처럼 몸이 기능하기를 바라는 것은 고통의 시작이다.

매년 새로운 자동차가 개발되지만, 그렇다고 해서 과거의 자동차가 가졌던 의미가 상실喪失되는 것은 아니다. 과거의 자동차 기술력을 기반으로 하여 더 새로운 자동차를 개발하듯이 우리가 과거에 기울였던 노력을 기반으로 해서 오늘날 자녀가 더 행복하고 안락한 삶을 누릴 수 있는 것이다. 아무리 나이가 들어도, 아무리 신체 기능이 쇠퇴해도 우리가 가진 의미마저 상실해선 안 된다.

이제부터는 상실이 아닌 새로운 관점으로 삶을 바라봐야 한다. 과거의 자신과 현재의 자신을 통합함으로써 일부가 아닌 전체적인 삶을 바라봐야 한다. 그런 관점으로 삶을 바라볼 수 있을 때, 현재의 삶뿐만 아니라 미래의 삶까지도 긍정적인 의미를 갖게 될 것이다.

폐경 후 여성은 다양한 이유로 감정이 예민해지고 불안정할 수 있다. 만약 남편도 폐경이 갖는 의미를 이해할 수 있다면, 아내가 겪는 고통에 더욱 공감할 수 있을 것이다. 월경은 임신이 가능한 상태임을 나타내는 것이므로, 폐경이 되었다는 것은 당연히 여성으로서 더 이상은 임신이 불가능함을 의미한다. 월경이 끝났다는 일방적인 통보는 상실감을 유발한다. 여성은 여성성을 잃었다는 생각으로 인해 자존감이 낮아지기도 한다.

이 시기에 보여주는 남편의 적극적인 공감과 지지는 아내가 폐경 후의 삶도 행복할 수 있다는 믿음을 갖도록 도와준다. 그렇다면 남편은 아내에게 어떤 말을 해 주면 좋을까? 아내의 헌신으로 인해 자녀는 잘 성장했고 남편 또한 행복했다고 말한다면, 아내의 상실감을 조금이나마 달래줄 수 있지 않을까. 또한, 여전히 남편에게 아내는 가장 아름답고 소중한 사람이라는 진심 어린 말을 건네준다면, 아내의 내면이 따뜻해지지 않을까.

아내는 임신, 출산, 양육에 이은 폐경에 이르기까지 남성에 비해 잦은 신체적 또는 심리적 변화를 겪는다. 남편은 아내가 새로운 상황에 잘 적응하도록 격려하고 도와줘야 한다. 남편이 아내가 겪는 고통 자체를 통제할 수는 없다. 그저 남편은 아내에게 정서적으로 다가갈 뿐이다. 그런데 그것만으로도 충분하다. 대부분 이 시기에 부부 관계가 손상되는 경우는 그것조차도 하지 않기 때문이었다.

summary

1) 폐경기 여성은 난소 기능이 저하되면서 이와 연관된 심리적, 신체적 변화를 겪는다.

2) 폐경은 심리적으로 상실감을 유발하고 자존감을 떨어뜨리는 요인이 된다.

3) 남편의 적극적인 공감과 지지는 아내가 폐경 이후의 삶을 수용하는 데 있어서 꼭 필요하다.

6 퇴직 이후 - 여전히 인정받고 싶다

남성은 결혼 후 아내에게 가장 멋진 남자로 인정받고 싶다. 이는 고된 삶에도 지치지 않는 원동력이 된다. 그 지치지 않는 힘은 영화 〈신데렐라맨〉(2005)에서도 잘 나타난다.

이 영화는 권투 선수인 제임스 J. 브래독의 실화를 다룬 것으로, 주인공은 시합 중 주먹에 심한 골절상을 입고 더 이상 권투를 하지 못하는 상황에 놓인다. 경기 침체로 일자리마저 없어서 그의 가정은 가난에 허덕인다. 굶주리는 아내와 자녀들을 떠올리면 그는 어깨가 무겁기만 하다. 하지만 가난 속에서도 제임스 J. 브래독과 아내는 서로에게 격려와 지지를 보내며 가정을 꾸려 간다. 시간이 흘러 그의 부상은 회복되었지만, 권투 선수로서의 그는 이미 은퇴를 고려해야 하는 나이였다. 그런데도 그는 꿈을 포기하지 않았다. 아내는 남편이 다시 권투를 하는 것이 두려웠지만, 결국 아내는 남편의 진심을 이해하고 든든한 지원자가 되기를 자처한다.

승승장구하던 제임스 J. 브래독은 마침내 챔피언과 대전을 준비하기에 이른다. 최근 그 챔피언과 대전을 치렀던 두 명의 권투 선수가 모두 시합 도중에 사망했을 정도로 그는 강했다. 신장도, 힘도, 젊음도 제임스 J. 브래독이 그보다 우위를 차지하고 있는 것은 없었다. 그가 우위에 있는 것은 아내의 믿음과 존중, 그리고 사랑이 유일했다. 드디어 링에 올라갈 준비를 마친 그의 눈을 바라보며 아내는 말한다.

"당신이 싸우는 의미를 조금은 알 것 같아요. 그러니까 당신이 누구인지 꼭 기억해요. 당신은 버건의 투견이고, 뉴저지의 자랑이고, 모든 사람의 희망이고, 내 아이들의 영웅이자 내 가슴 속의 영원한 챔피언 제임스 J. 브래독임을 반드시 기억해요."

격렬한 시합 끝에 결과는 주인공 제임스 J. 브래독의 승리! 이는 실화에 바탕을 둔 영화이기에 의미하는 바가 크다. 그에게 있어서 권투는 가족을 먹여 살리는 동시에 경제 공황으로 인해 힘겨운 나날을 보내는 지역민에게 힘을 주는 수단이었다. 하지만 그것만으로 절대적으로 우세한 챔피언을 이길 수 있었을까? 그렇지 않았을 것이다. 남편을 가장 훌륭한 남성으로 인정하고 지지하는 아내의 모습이야말로 그가 챔피언을 이길 수 있었던 이유일 것이다. 마치 투우사가 창을 연달아 꽂아도 멈춰 서지 않는 황소처럼, 그는 아내 앞에서 끝까지 싸우겠다는 의지를 불태웠을 것이다. 지금 당신의 남편도 제임스 J. 브래독과 다르지 않다. 아내가 보내 주는 존중과 인정, 사랑은 세상의 모진 풍파 속에서도 남편이 쓰러지지 않는 이유가 된다.

그러나 어느 순간, 남편은 위기감을 느끼기 시작한다. 아내의 인정과 존중을 받지 못할 것이 두려워진다. 대개 그 시기는 퇴직이 가까워질 때다. 퇴직은 곧 경제적 능력을 상실하고 직업적 위치에서 내려오는 것을 의미한다. 경제적 능력은 자기 효능감과도 관련되는 것이기 때문에 가장인 남편이 자존감을 유지하는 중요한 요소이다. 경제적 능력을 상실한 남편은 자기 효능감이 저하되고, 결국 자존감이 낮아지는 위기로 이어진다. 지금까지 남편은 직업적 성취를 이뤄 내며 자기 효능감을 높였지만, 퇴직이 가까워지면 위기감을 느낀다. 위기감은 남성을 더욱 긴장하게 만들고, 긴장은 곧 예민함으로 이어진다. 퇴직 후 남편의 예민함은 부부 관계가 손상되는 또 하나의 원인이 된다.

현재 급변하는 사회 구조상 직장인의 평균 퇴직 연령은 점점 낮아지고 있다. 정보화 시대에 접어들면서 회사에서 요구하는 인재

상은 하루가 다르게 변하고 있다. 이처럼 빠른 변화에 적응하지 못하는 직장인은 생각보다 이른 시기에 회사로부터 퇴직을 강요받기도 한다.

퇴직 시기는 점점 빨라지지만, 자녀가 경제적으로 독립하는 시기는 점점 늦어지고 있다. 예전에 농업이 주가 되던 시기에는 일정 연령이 되면 자녀에게 일을 넘기고 노년을 편히 보낼 수 있었다. 하지만 현재는 그렇지 않다. 퇴직이 가까워지면 남성은 마음이 더욱 불편하다. 특히 경제적인 기여도가 높았던 남편일수록 퇴직에 이르렀을 때 상당한 불안을 느끼게 된다. 퇴직하면 가정에서 더 이상 인정받지 못할 것이라는 불안을 느낀다. 아내에게도, 자녀에게도 말이다.

대개 아내는 남편이 퇴직한 후에도 그간의 노고를 존중하고 인정하는 모습을 보여 준다. 하지만 남편은 아내가 자신을 이빨 빠진 호랑이처럼 생각할 것 같아서 걱정스럽다. 경제적 능력 또는 사회적 위치를 통해 아내에게 인정받고자 했던 남편일수록 더욱더 그러하다. 특히 고위 공직자, 직업 군인 등 나름 상하 관계가 명확하고 상명하복 체계에 있던 남성의 경우 퇴직 후에 자존감이 더욱 낮아진다.

남편은 퇴직을 가장의 권위가 상실되는 것으로 느낀다. 앞 장에 기술된 바와 같이 이 시기의 남성 역시 7단계 발달 과업인 생산성에서 8단계 발달 과업인 통합으로 넘어가게 된다. 퇴직 후 남성은 자신의 현재를 수용하고 삶 전체를 통합하는 과정이 필요하다. 그러나 이를 부정하는 남편은 여전히 생산성에만 집착한다. 가족의 만류에도 불구하고 퇴직금으로 무리하게 투자하거나 사업을 구상함으로써 가정불화를 겪는다.

생산성에 집착하는 남편의 모습 역시 퇴직 후 자신의 권위나 성취를 인정받지 못할 것 같은 두려움에서 기인한다. 퇴직 후 남편은 아내와 가장 많이 갈등을 겪지만, 두려움과 예민함을 오가는 남편을 구원해 줄 수 있는 인물 또한 아내이다.

퇴직 후 남편은 아내의 사소한 변화에도 불평하고 예민하게 반응할 수 있다. 또한, 퇴직 전에는 그러려니 하던 아내의 잔소리에 벌컥 화를 내기도 한다. 타인의 성취에 박수를 쳐 주기보다 도리어 깎아내리는 태도를 보이면서 질투가 많아지고 투정도 늘어 간다. 이 시기에 아내는 예민한 남편의 내면에 자리한 위기감을 들여다볼 수 있어야 한다.

원래 그랬던 남편이라면 타고난 성격이 그러려니 할 수도 있다.

하지만 만약 퇴직 전과 후가 다르다면, 그는 퇴직 후 주어진 현실을 아직 수용하지 못하고 있는 것이다. 남편은 매일 아침 일찍 잠에서 깨어 가족을 위해 열심히 살았던 과거의 자신을 떠나보내고 싶지 않은 것이다. 월급날, 통닭 두 마리를 사 들고 집에 오면 어린 자녀들이 엄지를 치켜세우고 '아빠 최고!'를 외치며 맞아주던 그때의 자신을 놓치고 싶지 않은 것이다.

그는 여전히 집안에서 주도적인 역할을 하고 싶어 한다. 아직 그는 자녀들이 주는 용돈으로 살고 싶지 않다. 그렇다면 그가 손을 뻗어 과거의 자신을 붙잡고 놓지 못하고 있을 때, 그가 과거를 흘려보내고 현재를 수용하기 위해 필요한 것은 무엇일까?

우선 가족 구성원 중 결혼 후 **남편과 일생을 함께했던 아내가 건네는 인정과 존중**은 가장 중요한 요소이다. 아내의 인정은 남편에게 자녀가 주는 것과는 다른 의미로 느껴진다. 마치 조선 시대에 역사를 기록하고 왕의 모든 업적과 행적을 보고 기록하는 사관史官처럼 부부는 서로의 삶을 기록하고 기억하는 사관이다. 한 남성이 남편이 되고 아빠가 되는 과정을 전부 다 기억하는 여성이 그 남성을 인정하고 지지한다면, 그만큼 내면을 따스하게 하는 것이 있을까? 남편이 되고 아빠가 되는 시간을 함께해 준 사람. 그 유일한 사람이 바로 아내이다.

그런 이유로, 아내는 퇴직 후 예민한 남편의 내면에 자리한 불안과 아쉬움을 들여다봐야 한다. 아내가 그의 예민함이 두려움 때문이었음을 이해하고 도울 수 있다면, 남편 또한 지금까지의 삶을 되돌아보며 충분히 가치 있는 삶이었음을 수용할 수 있을 것이다.

이것이 8단계 발달 과업인 통합에 이르는 길이다. 하지만 우리는 폐경을 맞은 아내, 그리고 퇴직 이후 남편의 예민한 모습을 이해하지 못하는 시기가 있다. 가장 먼저 생각나는 것은 바로 애착이 손상된 시기이다.

애착이 손상되면 서로의 내면을 깊이 들여다보려는 노력을 하지 않는다. 내면을 알고 싶지도 않고, 그저 보이는 것만으로 판단해버리고 싶다. 앞에서 다루었던 결혼을 준비하는 시기, 결혼 후 적응하는 시기, 임신 기간, 출산 이후 상황 모두 마찬가지다. 각각의 시기마다 잦은 불화를 겪는다면, 우선 우리는 기저에 자리한 애착 상태를 평가해 봐야 한다. 얼마나 애착이 손상된 것인지, 어떤 이유로 애착이 손상된 것인지, 어떤 방법을 통해 애착을 다시 회복시킬 수 있는지에 대해 우리는 소통을 시작해야 한다.

다음 장에서는 부부가 관계를 개선하기 위해 기본적으로 수행해야 하는 합리적이고 건전한 소통 방법, 즉 부부 대화법에 관해 기술하고자 한다.

1) 퇴직이 가까워진 남편은 인정받지 못할 거라는 위기감을 느낀다.

2) 위기감은 남편을 예민하게 만들고 가정불화의 원인이 되기도 한다.

3) 아내는 퇴직을 앞둔 남편의 두려움을 이해하고 공감할 수 있어야 한다.

4장

부부 관계를 회복하는
14가지 원칙

1 | 1차 감정 보여 주기

그렇다면 불화는 어디서부터 시작되었으며, 어떻게 하면 이 관계를 개선할 수 있을까? 이것은 치료자들의 오랜 관심사였다. 임상적 경험을 바탕으로 연구한 결과, 지금껏 다양한 부부 치료 모델이 개발되었다. 1980년에 이르러 캐나다 오타와대학교 임상 심리학 교수인 수잔 존슨Susan Johnson 연구팀은 부부가 주고받는 정서에 중점을 두고 서로를 이해하는 **정서 중심적 부부 치료**Emotionally Focused couple Therapy, 이하 EFT 모델을 개발했다. EFT 모델은 2004년에 박성덕 연리지 가족 부부연구소 소장을 중심으로 국내에 도입되었으며, 매년 많은 치료자가 이 모델을 배우고 있다. 국내 도입 이후 현재까지 많은 부부가 EFT 모델의 다양한 치료 기법을 통해 관계를 개선하고 있다. 이 장에서는 부부가 가정에서 쉽게 적용할 수 있는 부부 대화법에 대해 알려 주고자 한다.

부부는 부적절한 소통을 반복하며 갈등을 겪고, 반복되는 갈등은 결국 부부를 부정적인 관계 고리 안에 가둬 버린다. 부부는 항상 마주 보고 다투기만 했을 뿐, 한 번도 같은 곳을 보고 대화한 적이 없다. 부부는 서로를 적으로 여기지만, EFT 관점에서 부부 모두의 적은 그간 부부가 갇혀 있던 부정적인 관계 고리이다. 사실 배우자는 적군이 아니라, 관계 고리의 개선을 도와 줄 당신의 아군이다.

그렇다면 이제 당신의 진짜 적군인 부정적인 관계 고리에 대해 알아보자. EFT 모델에서 관계 고리The EFT cycle는 마치 **뫼비우스의 띠**처럼 부부 사이에 정서가 순환하는 과정을 나타낸다. (다음 페이지 그림 참조) 관계 고리 안에서 정서가 순환하는 과정은 다음에 기술된 실제 부부 치료 경험을 통해 쉽게 이해할 수 있다.

관계 고리
(The EFT cycle)

배우자   배우자

행동   행동

자신과 타인에 대한 관점   자신과 타인에 대한 관점

2차 감정   2차 감정

1차 감정   1차 감정

충족되지 못한 애착 욕구   충족되지 못한 애착 욕구

30대 중반인 민정 씨 부부는 친구 소개로 만나 2년간의 연애를 거친 후 결혼했다. 부부는 현재 결혼 3년 차이며 슬하에 자녀는 없다. 부부는 동갑내기로, 민정 씨는 유치원 교사이고 남편은 대기업 대리이다. 1년 전 회사에 대대적인 인원 감축이 시행된 후, 남편은 매일 퇴근이 늦다. 주중에는 야근 아니면 회식이다. 그래서 민정 씨는 정시에 일찍 퇴근해도 항상 집에서 혼자다. 다른 교사 동료는 퇴근 후 자녀를 돌보기 위해 집에 가기 바쁘다. 민정 씨는 매일 혼자 저녁 식사를 한다.

시댁과 친정이 모두 서울에 있지만, 부부는 지방에 살림을 차렸다. 결혼 후 부부는 서로가 등을 맞대고 기댈 수 있는 유일한 대상이었다. 하지만 현재 부부는 서로 등을 떼고 있다. 더는 온기가 느껴지지 않기 때문이다. 남편의 늦은 귀가가 일상이 된 후, 대화는 사라졌고 자연스럽게 잠도 따로 자게 되었다. 민정 씨는 남편이 자신을 중요하지 않은 사람으로 여기는 것 같았고, 집에 버려진 듯한 느낌마저 들었다. 부부의 애착은 점점 손상되었으며, 관계를 회복하고 싶은 마음마저 사라졌다. 결국, 민정 씨 부부는 크게 다퉜다.

그날 아침, 남편은 일찍 집에 올 테니 함께 저녁을 먹자고 말했다. 하지만 오후 5시쯤, 남편은 민정 씨에게 다급히 전화를 걸어 저녁 약속을 취소했다. 부장이 갑자기 퇴근 후 회식 자리를 만들었다는 것이다. 민정 씨는 대꾸하고 싶은 마음도 없었다. 괜한 기대를 가졌던 자신이 한심하게 느껴졌다. 남편은 저녁 10시가 넘어서야 회식을 마치고 집에 들어왔다. 그리고 다음에 기술된 관계 고리를 통해 부부의 정서는 순환했다.

1) 배우자의 행동(언어적 행동 포함)은 내면에 채워지지 않은 애착 욕구를 자극한다.
- 그날 저녁, 아무 일도 없었다는 듯이 서재로 들어가는 남편의 모습은 민정 씨의 내면에 버려진 듯한 느낌을 자극했다.

2) 내면에 1차 감정이 발생한다.
: 1차 감정은 주로 서운함, 우울함, 두려움, 불안 등과 같은 깊고

연약한 정서를 의미한다. 이는 본래 자신이 상대에게 전달하고 싶은 진실한 감정이다.

- 민정 씨는 자신이 중요하지 않은 사람처럼 느껴졌다. 연애할 때 남편은 항상 민정 씨가 우선이었고, 회식 따위는 개의치 않았다. 남편의 달라진 모습을 보며 민정 씨는 서운했다. 집에 홀로 남겨진 것 같아 우울하고 슬펐다.

3) 애착이 손상된 경우, 1차 감정 대신 2차 감정을 주로 표현한다.
: 2차 감정은 주로 분노, 질투, 짜증과 같은 반응적인 감정으로, 1차 감정에 기반을 둔다. 하지만 갈등을 해결하기보다는 갈등을 고조시키는 감정을 의미한다.

- 하지만 약한 모습을 보이고 싶지 않은 민정 씨는 화를 내며 소리쳤다. 너 만나고 하루도 행복한 적이 없다고. 너 때문에 삶이 지옥이라고 말이다. 민정 씨는 화를 내면 낼수록 화가 풀리기는커녕 더 강하게 치밀었다. 도저히 화를 멈출 수가 없었다.

4) 자신과 배우자를 부정적인 관점으로 인식한다.
: 배우자와 자신을 부정적인 관점에서 해석하고 고착시킨다.

- 민정 씨는 남편이 자신을 사랑하지도, 존중하지도 않는다고 생각했다. 민정 씨는 남편이 절대 달라지지 않을 거라고 믿었다. 또한, 자신은 오늘도 내일도 영원히 집에 혼자 남겨질 것만 같았다.

5) 부정적인 인식에 기반한 행동을 한다.

: 물론 그 행동은 대개 무시하거나 적대적인 행동이다.

- 민정 씨는 서글퍼질수록 더욱 화가 났다. 민정 씨는 어떤 공격이 남편을 붕괴시킬지 알고 있다. 민정 씨는 남편이 반격하기 전에 결정적인 펀치를 날렸다. 자기 일을 잘하면 부장 앞에서 강아지처럼 꼬리 흔들고 있을 이유가 없다고 말이다. 민정 씨도 말하면서 이건 아니라고 생각했지만, 관계는 흐름이다. 일단 부정적인 흐름을 타 버린 이상 호랑이 등에 올라탄 것처럼 도중에 내릴 수가 없다.

아내의 무관심 또는 적대적인 행동은 그대로 전달되어 남편의 내면을 자극하게 되고, 남편은 아내의 내면에서 진행되었던 과정을 다시 반복하게 된다. 이번에는 남편 입장에서 고리를 한번 돌려보자.

민정 씨 남편도 힘든 건 마찬가지였다. 남편은 회사 내 인원 감축 이후 고민이 늘었다. 제때 승진이 안 되면 결국 파리 목숨이다. 부장은 정시 퇴근을 권장하지만, 정시에 퇴근하는 사람은 아무도 없다. 당연히 힘든 야근을 자원하게 되고, 지루한 회식도 빠질 수 없다. 부장이 회식에 빠진 사람을 마른오징어처럼 질겅질겅 씹어 대기 때문이다. 현재로서는 부장과 아내 모두 만족시킬 방법이 없어

보였다.

다투기 전날 역시 밤 늦게 귀가했던 남편은 홀로 잠든 아내를 보며 미안한 마음이 들었다. 그래서 남편은 내일 저녁은 꼭 아내와 함께 보내고 싶었다. 하지만 느닷없이 아들이 대학에 합격했다며 부장이 당일 회식을 주최한 것이다. 정말 아이러니하지만, 현실은 외로운 아내보다 얼굴도 모르는 부장 아들이 우선이다. 부장이 만취한 것을 확인한 후, 남편은 회식 도중에 자리를 도망쳐 나왔다. 아파트 현관문을 여는 순간, 남편은 직감적으로 냉랭한 분위기를 감지했다. 아내에게 저녁은 먹었는지 물어보고 싶었지만, 괜히 잠자는 사자의 코털을 뽑는 것 같아서 서재로 피해 버렸다. 결국, 침묵하던 민정 씨가 화를 터뜨렸고, 그 화는 고스란히 남편에게 전달되었다.

아내의 비난을 듣다 보니 남편은 자신이 점점 초라하게 느껴졌다. 회사에서 살아남기 위한 자신의 노력이 모두 다 물거품처럼 느껴졌고, 아내에게 인정받지 못한다는 생각에 서글퍼졌다. 남편이자 가장으로서 존재감도 없고 무가치한 느낌이 들었다. 하지만 남편 또한 이러한 1차 감정을 있는 그대로 전달하지 않는다. 애착이 사라졌기 때문이다. 남편 또한 그저 화내고 비아냥거리기 시작한다. 일찍 집에 와서 살림이나 제대로 하라고, 맨날 징징거리기나 하고 도대체 아내인지 딸인지 모르겠다고, 대체 집에서 하는 일이 뭐냐고 말이다.

하지만 아내가 내지른 결정적인 펀치('자기 일을 잘하면 부장 앞에서 강아지처럼 꼬리 흔들고 있을 이유가 없다')를 맞고 궁지에 몰린 남편은 자동 반사적으로 카운터펀치를 날렸다. 더는 너랑 못 살겠다고 말이다. 순간 둘 사이에 정적이 흘렀다. 각자 방에 들어가서 하루를 보낸 후, 부부는 정말 이대로 가면 법원에 가서 도장이든 지장이든 뭐든 찍고 올 것 같다는 공통된 위기의식에 진료실을 찾았다.

지금까지 제시된 내용을 토대로 민정 씨 부부의 관계 고리를 그려보자. 이는 마치 높은 곳에서 아래를 내려다보듯이 갈등을 도식화하는 것에서 시작된다. 갈등을 도식화해서 복잡한 정황을 단순화시키고 나면 어디서부터 무엇이 잘못되었는지 쉽게 알 수 있다. 민정 씨 부부는 127페이지의 그림과 같이 관계 고리를 그릴 수 있었다.

관계 고리를 볼 때, 어떤 지점을 개선하면 부부가 가장 빠르고 직접적인 변화를 나타낼 것 같은가? 가장 눈에 띄는 부분은 바로 1차 감정이 2차 감정으로 바뀌어 전달되는 지점이다. 서로의 1차 감정이 2차 감정으로 표현되는 순간, 부부는 부정적인 흐름을 타기 시작했

부정적 관계 고리
(The negative cycle)
Scott R. Woolley Ph.D. ©

남편	아내
"너랑 더는 못 살겠다"	"제 때 일도 처리 못하는 주제에"
자신의 노력을 무시하는 아내	사랑도 존중도 없는 남편
분노, 짜증, 무시	분노, 짜증, 무시
초라하고 무가치한 느낌	우울하고 버려진 느낌
기저에 손상된 애착이 자극됨	기저에 손상된 애착이 자극됨

다. 하지만 부부가 1차 감정으로 대화할 수 있다면 흐름은 다시 바뀐다.

또한, 1차 감정은 부부가 기본적인 존중을 유지하며 대화하는 수단이 된다. 사실 불화에 지친 부부는 관계를 개선하고 싶은 마음조차 없다고 말한다. 일단 시작하면 잘할 수 있지만, 시작하고 싶은 마음을 갖기가 어렵다. 분명 이들에게 시작은 반이다. 그렇다면 부부는 어떤 경우에 관계를 개선하고 싶은 마음이 들까? 대개는 존중이었다. 부부는 최소한 서로에게 존중받는 느낌을 받을 때 손을 내밀고 싶다고 말했다. 실제로 1차 감정을 나누며 소통한 후 가장 좋았던 점으로, 부부는 배우자가 자신을 존중해 주는 느낌이 든 것이라고 말한다. 그리고 이 느낌은 부부가 더 깊은 내면에 자리한 기억과 정서를 나누는 기반이 된다. 부부가 위기를 기회 삼아 애착을 회복하면, 그저 사랑하는 것을 넘어 서로에 대한 깊은 이해가 가능하다.

2차 감정만 주고받으며 불화가 깊어졌던 민정 씨 부부는 어떻게 되었을까? 지속적인 상담을 통해 부부는 1차 감정을 표현하며 훨씬 원활한 소통을 나타냈다. 민정 씨는 그동안 우울하고 버려진 느낌이 들었다고 말했고, 남편은 미안하다고 말했다. 남편은 그동안 초라하고 무가치한 느낌이 들었다고 말했고, 민정 씨는 그런 의도는 결코 없었다고 말했다. 그렇게 민정 씨 부부는 긍정적인 흐름을 타기 시작했다. 1차 감정으로 대화하는 것은 우리 모두 관계를 개선하기 위해 우선 시도해 볼 만한 효과적인 방법이다.

summary

1) 1차 감정은 우울, 불안, 두려움처럼 내면 깊은 곳에 자리한 진솔하고 연약한 정서이다.

2) 2차 감정은 분노, 짜증처럼 1차 감정에 기반하지만, 갈등을 더욱 악화시키는 정서이다.

3) 부부가 1차 감정으로 소통하면 서로를 존중하며 대화를 이어 갈 수 있다.

" 2차 감정을 언어화 (verbalization)하기 "

우리 모두 곧장 2차 감정이 아닌 1차 감정으로 배우자와 소통할 수 있다면 얼마나 좋을까? 하지만 자기 내면에 자리한 1차 감정을 찾는 것이 생각처럼 쉽지 않을 수 있다. 내면을 성찰하는 자아 기능이 높은 사람은 논쟁 시 1차 감정을 빠르게 찾아서 표현할 수 있다. 하지만 그렇지 않은 사람은 1차 감정을 찾지 못하고 당황한다. 위기에 처했을 때 당황하면 일단 손에 잡히는 대로 던지듯이, 부부싸움을 할 때도 당황하면 일단 느껴지는 대로 2차 감정을 내뱉는다. 그렇게 부부는 또다시 서로를 말로 때리기 시작한다.

만약 당신이 2차 감정의 기반이 되는 1차 감정을 파악하는 데 어려움이 있다면, 우선 2차 감정을 언어화시켜 표현하는 법을 배워 보자. 쉽게 말해서, 짜증을 내지 말고 짜증이 난다고 말해 보자. 이는

2차 감정을 1차 감정으로 표현하는 과정에 중간 단계를 추가하는 것이다. 화를 내지 않고 화가 난다고 말하는 것이 마치 변비 걸린 것처럼 답답하게 느껴질 것 같지만, 그렇지 않다. 이것만으로도 충분하다. 배우자뿐만 아니라 당신에게도 말이다. 예를 들어 보자.

A: "야! 인마! 뭐 그런 거로 화를 내!"

B: "귓구멍 막혔냐? 그래서 어쩌라고! 어차피 내 말을 믿지도 않잖아!"

C: "야. 꺼져. 웃기고 있네. 조금도 너한테 기대하지 않아."

우선 A, B, C는 부부 상담 시 2차 감정을 그대로 표현한 발화의 예다. 1차 감정을 도통 찾지 못하는 A, B, C에게 우선 2차 감정을 언어화시켜서 나타내도록 권유하자, 2차 감정은 다음처럼 표현되었다.

A: "당신이 사소한 일에도 짜증부터 내면 너무 <u>화가 나.</u>"

B: "당신이 도무지 날 믿지 않으니까, 더는 할 말도 없고 <u>짜증만 나.</u>"

C: "당신한테 실망했던 기억이 나서 무슨 말을 해도 <u>불쾌해.</u>"

누구라도 먼저 "야! 인마!"라고 소리를 지르고, "야, 꺼져. 웃기

시네."라고 빈정대면 부부는 부정적인 관계 고리로 접어들어 더는 소통하기 힘들다. 하지만 2차 감정을 언어화시켜 표현하는 것에 익숙해지면 불필요한 감정적 소요는 피할 수 있다.

우리는 화난 감정을 언어화시켜 표현해도 후련함을 느낄 수 있다. 배우자 역시 화를 내지 않고 화가 났다고 말하는 당신을 보며 흥분을 가라앉힐 수 있다. 또한, 서로 2차 감정을 신랄하게 퍼부을 때 우리는 귀를 닫아 버리지만, 2차 감정을 언어화시켜 표현하면 아무도 귀를 닫지 않는다. 즉, 2차 감정을 언어화시키는 과정은 서로의 귀를 열어 두는 효과를 지닌다.

그렇다면 여기서 더 진행해 보자. A, B, C는 2차 감정 이면에 어떤 1차 감정을 느끼는 걸까? 시간적 여유가 제공되자, 이들도 어렵지 않게 자기 내면의 1차 감정을 말할 수 있었다.

A: "당신이 짜증부터 내면 또 우리가 싸울 것 같아서 불안해."
B: "잘못을 인정하고 여태껏 잘했는데도 날 믿지 않는 당신을 보면 속상해."
C: "당신이 날 속였던 기억이 떠오르면 지금도 서운하고 우울해."

　우리가 내뱉는 말에 가시가 가득하면 배우자는 귀를 닫아 버릴 것이고, 우리가 전달하고 싶은 내용은 다 퉁겨져 버릴 것이다. 이는 배우자 입장에서 보면 당연하다. 만약 집 앞에 누가 칼을 들고 찾아 왔다면, 당신은 문을 열고 그를 집 안에 들이겠는가? 최소한 그의 손에 아무것도 쥐어져 있지 않을 때 문을 열어 주지 않겠는가?

　감정을 언어화하여 전달한다면 배우자는 닫아 놨던 귀를 다시 열고, 뇌 속까지 전달되는 통로를 허락할 것이다. 우리 역시 불만이 점차 해소되고 소통에 대한 자신감이 커질 것이다. 흥분한 표정과 격앙된 말투로 가시 돋친 감정을 표현하는 것은 부부 모두에게 득이 될 수 없다. 감정의 언어화는 부부 중 어느 한쪽도 손해 보지 않는 방법임을 기억하자.

summary

1) 내면에 자리한 1차 감정을 찾는 것이 어려울 때도 있다.

2) 그렇다면 우선 2차 감정을 언어화하여 표현하자.

3) 2차 감정을 언어화하여 표현하는 것은 서로의 귀를 열어 두는 효과를 가진다.

항상 달의 뒷면이 존재함을 기억하기

진료실을 찾은 30대 부부가 있었다. 부부는 매 상황마다 첨예한 갈등을 보였다. 하지만 부부의 대화를 듣다 보면 갈등이 깊어지는 이유를 알 수 있었다.

남편: "아내는 착각하고 있어요. 제가 아내를 무시할 이유가 없어요. 매번 말 같지도 않은 소리를 해요."

아내: "남편은 항상 변명해요. 지금도 거짓말이에요. 제가 아기를 낳고 일을 그만둔 후, 남편은 저를 무시하고 있어요."

부부의 갈등이 깊어지는 이유를 마음 이론theory of mind에서 찾아보자. 우선 마음 이론은 자신과 타인의 마음을 이해하는 태도에 관한 이론으로 타인의 지각, 의도, 동기, 생각, 감정을 추론하고 공감하는 것을 포함한다. 정리하면 상황을 지각하고 해석하는 것은 누구나 다르다는 것을 이해하고, 타인의 관점에서 상황을 고려할 수 있는 능력을 의미한다.

마음 이론은 부부 관계를 형성하는 데 있어서 매우 중요하다. 그렇다면 마음 이론에 근거해서 배우자를 바라보는 것이 성인이면 누구나 가능한 것인가? 대체 몇 살 이후로 가능한 것일까?

1985년에 발달심리학 분야에서는 매우 의미 있는 연구 결과가 발표되었다. 이는 바로 샐리-앤 실험The Sally-Anne test으로, 임상 심리학자인 사이먼 배런코언Simon Baron-Cohen 등에 의해 진행되었다. 이 연구는 개인의 사회적 인지 능력이 타인에 대한 잘못된 믿음을 형성하는 데 어떠한 기여를 하는지 밝히기 위해 진행되었다.

우선 연구는 실험 대상인 어린아이에게 단계별로 상황을 제시하면서 진행한다. 모든 단계를 설명한 후, 연구자가 질문을 통해 과연 몇 세쯤에 관점 전환 같은 사회적 인지 능력이 형성되는지를 밝히는 연구이다.

| 실제 샐리-앤 연구

우선 연구자는 맞은편에 앉아서 아이에게 인형 두 개를 보여 준다. 인형 중 하나는 샐리Sally이고, 다른 하나는 앤Ann이다. 샐리 옆에는 바구니가 있고, 앤 옆에는 상자가 있다. 아이 눈 앞에 펼쳐지는 상황은 다음과 같다.

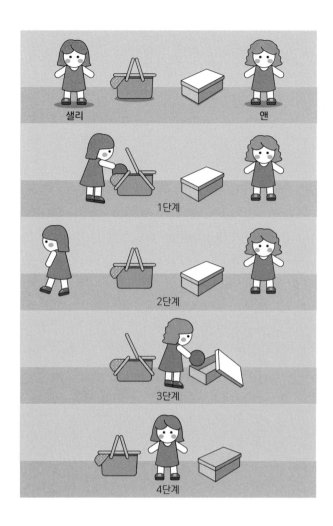

1단계: 샐리는 자기 공을 바구니에 넣는다.

2단계: 샐리가 자리를 뜬다.

3단계: 앤이 바구니의 공을 상자로 옮기고, 자리를 뜬다.

4단계: 바구니와 상자만 놓여 있는 방에, 샐리가 다시 돌아온다.

되돌아온 샐리는 공이 어디에 있다고 생각할까? 모든 상황을 지켜본 당신은 샐리가 공이 어디 있다고 생각할 것 같은가? 그렇다면 어린아이도 당신과 같은 답을 할까?

연구 결과, 대개 만 4세 미만의 아이는 아직 타인의 관점에서 상황을 판단하는 능력이 형성되지 않아서 자신이 아는 것을 샐리도 안다고 답했다. 즉, 공이 상자에 있는 걸 샐리도 안다고 답한다. 하지만 대개 만 4세 이상의 아이는 자신과 타인의 관점을 분리해서 인지할 수 있었다. 즉, 샐리는 공이 아직도 바구니에 있는 줄 알 거라고 답했다. 당연하다. 샐리가 방에서 나가기 전, 공은 분명 바구니 안에 있었기 때문이다.

이 연구 결과를 토대로 부부에게 말하고자 하는 내용은 다음과 같다. 자신 또는 타인의 관점에 따라 상황에 대한 해석과 판단이 달라진다는 것은 초등학생도 안다. 그러므로 부부 모두 당연히 자신과 배우자의 관점이 다르다는 것을 전제로 대화할 수 있다.

부부 중 그 누구도 자기 관점에서 사실 전체를 볼 수 없다. 마치 우리가 달의 뒷면을 볼 수 없는 것처럼 말이다. 달의 뒷면을 보기 위해서 막대한 돈을 들여 인공위성을 띄우는 것처럼, 우리는 배우자의 관점에서 보이는 것에도 관심을 둬야 한다. 자기 눈에 보이는 것만을 근거로 해서 부부가 다투고 있다면, 자기가 든 화투 패만 보고 전 재산을 올인하는 호구1, 호구2와 다를 게 있을까?

| 우리가 위성을 통해 달 전체(MOON)를 볼 수 있듯이 배우자를 통해 사실(FACT)의 전부를 파악할 수 있다.

대개 불화를 겪는 부부는 각자 눈에 보이는 것만 사실의 전부라는 듯이 다투고 있다. 그런데 정말 이들은 상황을 바라보는 관점마다 한계가 존재함을 모르고 있을까? 아니다. 그들도 알고 있다. 단지 자신의 관점에서만 상황을 판단하고 싶고, 배우자의 관점에서는 상황을 보고 싶지 않은 것이다. 이유가 무엇일까?

이유는 이미 서로에 대한 애착이 손상되어 버렸기 때문이다. 애착이 손상되면 배우자의 관점에서 상황을 이해하고자 하는 마음이 사라진다. 결국, 서로에 대한 부정적 감정은 상황을 바라보는 관점을 더욱 편협하게 만든다. 다른 예를 한번 들어 보자.

만약 놀이터에 어린 딸이 주저앉아 울고 있고, 바로 옆에 같은 반 남자아이가 서 있다면, 우리는 어떤 관점으로 상황을 바라볼까? 만약 남자아이가 평소 딸과 친하고 차분한 성품을 가진 아이인 경우와 평소 딸을 때려서 몇 번 주의하라고 경고했던 아이인 경우, 과연 우리가 상황을 바라보는 관점이 같을 수 있을까?

전자의 경우, 우리는 남자아이에게 어떻게 된 건지, 딸이 혼자 넘어지거나 그런 건 아닌지… 가능성 있는 여러 가지 상황에 대해 평가해 보고 판단을 내리고자 할 것이다. 하지만 후자의 경우라면, 우리 눈에 보이지 않는 사실의 일부를 고려하기가 힘들 것이다. 아마 우리 마음은 이미 남자아이가 딸을 때려서 울린 것으로 판단해 버릴 것이다. 결국, 우리가 타인의 관점에서 상황을 보고자 하는 노력은 관계가 긍정적인지 혹은 부정적인지에 따라 영향을 받는다. 서로에 대한 부정적인 감정은 편견을 만들고, 편견은 오해를 낳아, 결국 상황을 잘못 판단할 가능성을 높인다.

각자의 관점에서 보이는 것만이 사실의 전부이고 보이지 않는 것은 사실이 아니라는 태도로 갈등을 이어 간다면 다툼에 끝이 있을까? 그 끝은 과연 화해일까, 아니면 포기일까? 눈에 보이는 것은 사실의 전체가 아닌 사실의 단면일 수밖에 없음을 반드시 유념해야 한다.

당신 눈에 보이는 것만으로 판단하면 안 되는 또 다른 이유가 있다. 우리는 타인의 내적인 의도를 알지 못하면 그저 좋은 행동은 좋은 의도로, 나쁜 행동은 나쁜 의도로 해석하는 프레임을 갖고 있기 때문이다. 우리는 행동에 근거한 프레임으로 타인의 의도를 추측한다. 하지만 행동과 의도는 매번 일치하는 것이 아니다.

프랑스 소설가 빅토르 위고의 장편 소설 《레미제라블》처럼 우리 역시 물건을 훔쳐서 달아나는 누군가를 보면 그저 도둑으로 취급할 것이다. 하지만 선의를 갖고 빵을 훔쳤던 장 발장처럼, 그의 내면에도 어떤 사연이 담겨 있을지는 아무도 모르는 것이다. 특히 부부 관계는 더욱더 그러하다. 부부는 악의를 갖고 서로를 아프게 하진 않는다. 부부에게 있어서 의도는 행동과는 별개로 파악해야 할 과제이다.

서두에 기술된 30대 부부 역시 이를 알고 난 후 이전과는 다른 소통 방식을 보였다. 간단한 변화였지만, 부부는 자신과 배우자의 관점을 분리하고, 행동과 의도를 분리해 상황을 바라보는 시간을 가지면서 서로를 보다 폭넓게 이해할 수 있었다.

남편: "당신의 관점에서 내가 마치 당신을 무시하는 것처럼 보일 수 있을 것 같아. 내 관점에서는 경제적인 부담이 커져서 회사 생활에 부담이 더 느껴지고 더 피곤해져서 그런 건데 말이야."

아내: "내 관점에서는 자기가 날 한심하게 보는 것 같아서 속상했어. 당신 관점에서는 회사 생활도 힘들고, 지쳐서 시큰둥했을 수도 있을 것 같아."

부부가 서로 자신의 관점에서 상황을 해석하는 것에 한계가 있음을 인정하면, 그때부터는 더욱 개방적인 자세로 대화할 수 있게 된다. 이는 결코 어려운 일이 아니다. 우선 '말 같지도 않은 소리를 하고 있어' 대신에 '당신 관점에서는 그렇게 느낄 수 있어. 내 관점에서는 이렇게 느껴져'라는 레시피을 활용해 보자. 어차피 서로 말도 안 되는 소리를 주고받을 바에는 말이다.

summary

1) 우리 눈에 보이는 것은 사실의 일부에 불과하다.

2) 하지만 애착이 손상되면 배우자의 관점에서 상황을 이해하려는 노력을 하지 않는다.

3) 부부 관계에서 의도는 행동과 분리하여 파악해야 하는 과제이다.

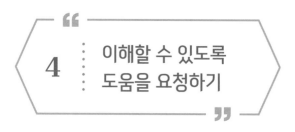

다음은 30대 후반의 부부 상담 이야기다.

아내는 갑자기 터지는 남편의 분노가 두렵다는 이유로 내원했
다. 평소 부부간의 의견이 다를 경우 대개 남편이 양보하는 편이
라고 한다. 하지만 아내 말에 의하면, 남편이 화가 나면 이전부터
쌓인 불만까지 한꺼번에 쏟아 내며 분노를 터뜨린다고 한다. 남편
은 평소 불만이 있어도 아내가 워낙 고집이 세서 자신이 수용하는
편이라고 했다. 하지만 남편 역시 막상 화가 나면 그동안 참아 왔
던 불만까지 한꺼번에 터진다고 인정했다.

남편은 그래도 자신은 아내의 요구를 수용하려고 노력한 것이라
고 주장한다. 하지만 아내는 그런 노력은 안 하는 것만 못하다고 받

아쳤다. 물론 남편의 관점에서 보면 갈등을 봉합하기 위해 노력한 게 맞다. 다만 남편의 노력은 미봉책이고 임기응변일 뿐 갈등 해결에는 도움이 되지 않는다. 무엇이 잘못된 것일까?

우선 남편은 아내의 요구를 수용했다고 하지만, 이는 **수용**acceptance이 아니라 그저 자신의 불만을 **억압**repression한 것이다. 정신과적 측면에서 수용과 억압은 전혀 다른 것이다. 진정한 수용은 배우자의 요구를 이해할 수 있을 때 가능하다. 이해하지 못한 수용은 억압에 가까운 것이다. 자기 내면에 억압해 둔 불만은 결국 뜻하지 않은 시기에 뜻하지 않은 방식으로 터진다.

당신은 부부 다툼 시 갈등이 불편하다는 이유로 그저 고개를 끄덕인 적이 있는가? 물론 감정이 격해진 상황을 피하고자 우선은 논쟁을 중단하고 이후 다시 대화를 시도하는 부부도 있다. 이는 불필요한 감정적 소요를 피하기 위한 좋은 방법이 될 수 있다.

하지만 당신이 당장 불편한 감정을 피하고자 고개를 끄덕이고서 다시 이를 소통하지 않고 묵혀 놓는다면 어떻게 될까? 마치 너무 오래 열 받은 냄비가 폭발하는 것처럼, 너무 오래 열받은 당신도 결국 불만이 폭발하지 않을까?

부부 갈등 시 그저 알겠다고 말을 얼버무리는 이들은 대개 자신이 갈등을 힘들어하거나 배우자가 고집이 센 경우 또는 두 가지 경우 모두 포함될 때다. 어떠한 경우든 결과적으로 달라지는 것은 없다. 오히려 불만이 켜켜이 쌓여서 터졌을 때 부부의 애착은 더욱 크게 손상된다. 당신이 불만을 억압하는 것은 집 안에 수류탄을 쌓아두는 것과 같다. 그럼 이제 갈등이 불편한 당신과 배우자가 슬기로운 부부 생활을 위해 시도할 만한 방법을 알아보자.

우선 의견 차이를 대하는 부부의 태도는 **상호 개방적**이어야 한다. 이는 서로의 의견이 충분히 이해할 수 있고 합리적이라면 진심으로 수용하고 싶다는 능동적인 태도이다. 자기주장에 대한 집착과 아집은 내려놓고, 대화를 통해 가장 좋은 의견을 받아들이겠다는 열린 마음으로 대화를 시작해야 한다.

예) "우선 당신 의견을 충분히 들어 보고 싶어. 나보다 더 좋은 의견일 수 있으니까."

결국, 배우자의 의견을 수용하기 위해서는 당신이 이해할 수 있어야 한다. 그렇다면 다음 단계에서는 **배우자에게 당신을 이해시켜 달라고 요구해** 보자. 반대하는 것이 아니라 이해하고 싶은 거라고 말한다면, 갈등이 불편한 당신 그리고 고집이 센 배우자 모두 수긍

할 수 있을 것이다.

예) "당신의 의견을 진심으로 이해하고 싶어. 다만 지금부터 당신이
　　나를 이해시켜 주길 바라. 나도 열린 마음으로 경청할 테니까."

당신이 열린 마음으로 경청할 것을 약속하며 이해할 수 있게 도
와 달라고 하는데 배우자가 불쾌해할 이유가 있을까? 대개는 불쾌
해하지 않을 것이다. 배우자는 노력하는 당신을 위해 차분하게 의
견을 설명할 수 있을 것이다.

자, 당신이 배우자의 설명을 다 듣고 난 후, 경우의 수는 두 가지
이다. 첫 번째는 배우자의 의견을 이해하고 수용하는 경우이고, 두
번째는 여전히 수용하기 어려운 경우이다. 첫 번째 경우라면 갈등
은 해소되겠지만, 만약 두 번째 경우라면? 아무리 봐도 당신 의견
이 더 마음에 든다면 어떻게 해야 할까?

이번에는 당신이 했던 노력을 배우자에게 요청해 보자. 만약 갈등
이 불편한 당신이라 해도 걱정할 필요는 없다. 이미 먼저 당신이 경
청해 주었기 때문에 배우자 또한 마음을 열고 당신의 의견을 들어
보려 노력할 것이다.

예) "이번에는 당신도 열린 마음으로 내 의견을 들어 봐. 그리고 같이 이야기해 보자."

더는 당신 혼자 참고 넘어가지 말고, 당신이 이해할 수 있도록 도와줄 것을 배우자에게 요청하자. 당신이 혼자 참고 혼자 화내는 상황은 배우자 또한 당혹감만 느끼게 할 뿐이다. 《혼자 잘해주고 상처받지 마라》라는 유명한 책 제목도 있지 않은가? 본 장에 제시된 방법을 통해 서로의 의견을 경청하는 노력을 하다 보면 짜증, 분노 등의 불필요한 감정적 소요를 배제하고 보다 수용적인 자세로 대화할 수 있다.

만약 부부가 서로의 생각을 충분히 경청한 후에도 의견 수렴이 어렵다면, 이제 남은 것은 협상이다. 어차피 두 명뿐이므로 다수결로 승부를 가릴 수도 없다. 그렇다면 다음 장에 기술된 협상 기술을 사용해서 합의를 한번 시도해 보자. 《돈을 남겨둔 채 떠나지 말라》는 조남신 교수의 책 제목처럼 아무도 자리를 뜨지 마라. 아직 협상이 남아 있다.

summary

1) 배우자의 요구를 이해하지 못한 상태에서 수긍하는 것은 수용이 아니라 억압이다.

2) 당신이 불만을 쌓아 둘수록 예상치 못한 시기에 예상치 못한 방식으로 감정은 폭발한다.

3) 당신이 불만을 계속 쌓아 두는 것은 부부 모두에게 도움이 되지 않는다.

손실 프레임이 아닌
소득 프레임으로 만들기

다음 이야기는 이번에 제시될 협상 방법에 대한 이해를 돕기 위한 것이다.

어느 동네에 흰 토끼와 검은 토끼가 각자 가정을 이루어 살고 있었다. 하지만 그 해, 유난히 당근 수확량이 적었고, 이대로 가다가는 모두 굶어 죽을 위기에 놓였다. 두 토끼는 당근을 구하기 위해 집에 있는 물건들을 수레에 싣기 시작했다. 두 토끼는 값어치를 따지지 않고 거래할 만한 건 모두 수레에 실었다. 그리고 두 토끼는 물물교환을 하는 가장 큰 마을 장터로 갔다.

장터에 도착한 두 토끼는 각자 헤어져 당근을 구하기로 하고 저녁에 다시 이곳에서 만나기로 했다. 흰 토끼는 우선 장터에서 가장 눈에 잘 띄는 장소에 자리를 잡고 지나가는 동물 중 당근을 가진 동물에게 물었다.

흰 토끼: "저는 당신이 가진 당근이 필요해요."

흰 토끼가 먼저 당근을 요구하면 하나같이 모두 경계하는 눈빛으로 쳐다봤다. 어쩌다 요구에 응하는 동물도 있긴 했지만, 그 동물들은 흰 토끼가 가진 물건 중 값비싼 것을 교환 조건으로 요구했다. 흰 토끼는 값비싼 물건을 고작 당근과 바꾸는 것은 손해인 것 같아서 그 요구를 거절했다. 등가 교환을 고집하다 보니 결국 흰 토끼는 당근을 하나도 구하지 못했다.

저녁이 되어 두 토끼는 각자 수레를 끌고 처음 헤어진 장소에서 다시 만났다. 그런데 흰 토끼의 수레와는 달리 검은 토끼의 수레에는 당근이 한가득 쌓여 있었다. 흰 토끼는 당혹스러워하며 검은 토끼에게 어떻게 당근을 그렇게 많이 구할 수 있었는지 물었다. 검은 토끼는 말했다.

검은 토끼: "먼저 다가가서 당신에게 필요한 것이 뭐냐고 물어봤어."

흰 토끼: "그래서?"

검은 토끼: "그들에게 필요한 것을 먼저 주고, 나도 당근이 필요하다고 했지. 그러니까 다들 호의적인 태도로 거래를 하더라고."

흰 토끼: "네가 가진 값비싼 물건을 당근과 바꾸자고 안 해?"

검은 토끼: "당연히 그런 경우도 있었지. 물론 바꿨고."

흰 토끼: "왜? 손해잖아?"

검은 토끼: "손해가 아니라 이득이지. 지금 내게 가장 필요한 건 당근이니까."

단순하지만 이것은 우리가 원하는 것을 얻고자 할 때 중요한 협상 전략으로 사용될 수 있다. 인간은 기본적으로 손실을 보는 것에 대해서 부정적인 프레임을 갖고 있다. 지금 내게 필요한 것이 아님에도 상대에게 주는 것을 꺼린다.

우리가 협상할 때 우리가 원하는 것을 먼저 요구하는 것은 상대방

의 손실 프레임을 강화시켜 협상이 진행되는 것을 방해한다. 그렇게 서로 손실을 보지 않겠다는 자세로 협상을 진행하다 보면 결국 합의에 도달하지 못할 가능성이 크다.

같은 상황에서 우리는 상대방이 상황을 바라보는 관점을 손실 프레임이 아닌 소득 프레임으로 바꾸도록 해야 한다. 그것은 먼저 상대방에게 필요한 것이 무엇인지를 질문하는 것에서 시작된다.

미국 메이저리그 30개 팀을 이끄는 단장은 일관되게 말한다. 트레이드에서는 우리 팀에 필요한 포지션보다 상대 팀에 필요한 포지션이 무엇인지를 아는 것이 중요하다고 말이다. "나는 당신 팀의 A라는 선수가 필요합니다"라는 말보다 "당신 팀에 우리 팀 선수인 B가 필요하지 않나요?"라는 말이 상대 팀 단장의 마음에 훨씬 더 긍정적인 감정을 불러일으킨다. 역시 전자는 손실 프레임으로 각인되는 반면, 후자는 소득 프레임으로 각인되기 때문이다.

결과적으로 가장 좋은 타협은 서로가 자신에게 필요하지 않은 것을 주고 필요한 것을 얻는 것이다. 상대방이 원하는 것을 궁금해하는 우리의 태도는 상대가 현 상황을 소득 프레임으로 바라볼 수 있게 만든다. 원하는 것을 얻은 상대방은 우리가 필요로 하는 것을 선뜻 넘겨줄 것이다.

부부 역시 서로의 요구를 주고받을 때 이 협상 전략을 적극적으로 활용해야 한다. 동등한 물건이라 해도 각자가 바라보는 물건의 가치는 각자의 필요에 따라서 다르듯이, 부부 또한 같은 요구임에도 불구하고 각자가 매기는 가치는 다르다. 검은 토끼에게는 값비싼 물건의 가치보다 당근의 가치가 더 높았지만, 다른 동물에게는 반대였듯이 말이다. 이 사실을 유념하고 부부는 협상을 시작해야 한다. 다음 상황을 한번 보자.

1. 신혼부부인 아내는 남편에게 퇴근 후 설거지를 맡아 달라고 요구했다. 하지만 매번 남편은 설거지를 하지 않고 잠이 들었다. 고민하던 아내는 남편에게 필요한 것이 있는지 먼저 물어봤다. 남편은 헬스장에 다니고 싶다고 했고, 아내는 퇴근 후 설거지를 끝내고 다녀오라고 했다. 남편은 이전과 달리 매일 저녁 식사를 마치는 대로 바로 설거지를 하고 헬스장으로 갔다.

2. 남편은 퇴근 후 주 1회는 동료들과 간단한 술자리를 갖고 싶다고 했다. 아내는 자기도 힘들다며 이를 거부했다. 얼마 후 남편은 아내에게 하고 싶은 것이 있느냐고 물어봤다. 아내는 주말에 하루 반나절 정도는 육아에서 해방되고 싶다고 했다. 남편은 그 시간에 자신이 아이들을 돌볼 테니, 주중에 퇴근 후 한 번은 동료들과 가볍게 술자리를 갖게 해 달라고 했다. 아내는 이전과 달리 기

분 좋게 수락했다.

위 예시는 실제 사례이다. 이들 부부는 자신의 요구를 먼저 말했을 때는 도통 협상이 진척되지 않았지만, 배우자가 원하는 것을 먼저 들어준 이후에는 자신의 요구가 한결 수월하게 이뤄지는 것을 경험할 수 있었다.

결국, 우리가 원하는 것을 얻기 위해서는 먼저 배우자가 원하는 것을 내어 줄 수 있어야 한다. 양보하지 않고 얻을 수 있는 것은 없다. 있다고 해도 극히 제한적이다. 우리가 원하는 것이 크면 클수록 배우자가 원하는 더 큰 것을 양보해 줄 마음을 가져야 한다. 그런 자세라면 부부간의 협상은 매우 원활해진다. 물론 모든 협상이 순탄한 것만은 아니다. 하지만 서로의 요구를 조정하며 협상을 이어 갈 수 있다면 불가능한 것은 없다. 서로의 노력이 부족할 뿐이다.

부부는 반드시 서로가 손실 프레임이 아닌 소득 프레임으로 협상할 수 있도록 노력해야 한다. 그렇지 않으면 부부 중 한 명은 협상 자리를 박차고 나가 버린다. 부부가 서로 주지는 않고 받으려고만 한다면, 지금 가장 필요한 당근은 하나도 구하지 못하고 집에 돌아가는 흰 토끼와 다를 바 없다. 우리가 수백 장의 전기장판을 갖고 있다 해도 지금 있는 곳이 사막이라면 당장 우리에게 필요한 것은 그저 생수 한 통이다. 생수 한 통을 얻고자 한다면, 수백 장의 전기장판을 잃을 자세로 협상에 임해야 한다.

결국, 진심이 담긴 소통이 필요하고 합리적인 요구를 주고받는 협상이어야 한다. 그리고 어느 한 쪽도 위조지폐를 갖고 협상 테이블에 와서는 안 된다. 만약 위조지폐를 갖고 왔다면, 협상 후 돌아갈 때 자기 손에 들려 있는 것도 위조지폐일 것이다. 만약 당신이 협상 이후에 배우자의 요구를 이행하지 않는다면, 배우자 또한 당신의 요구를 이행하지 않을 것이기 때문이다.

summary

1) 우리는 지금 필요한 것이 아님에도 상대에게 내주는 것을 꺼린다.

2) 배우자의 요구에 먼저 관심을 기울인다면 협상은 훨씬 순조롭게 진행된다.

3) 가장 좋은 협상은 부부가 각자 필요한 것을 얻고 필요하지 않은 것을 내주는 것이다.

6 맞고 틀림이 아닌 서로 다름을 이해하기

《프레임》(2016) 저자인 서울대학교 심리학과 최인철 교수는 프레임을 세상을 바라보는 마음의 창으로 정의한다. 또한, 어떤 문제를 바라보는 관점이자 세상을 관조하는 사고방식이 바로 프레임이다. 그의 저서에 따르면 프레임은 특정 방향으로 세상을 보도록 하는 조력자이자 동시에 세상을 제한하는 검열관이다.

그렇다. 사실 우리는 모두 각자 다른 프레임을 갖고 있고, 각자 프레임에 따라 다른 생각을 하고 다른 감정을 느낀다. 단언컨대 이 것은 반증 불가능한 진리 중 하나이다. **결국, 부부 갈등에 대한 우 리의 입장이 맞고 틀림이 아니라 서로 다른 것임을 전제로 하고 소 통하는 자세가 필요하다.** 우리는 결혼 생활을 하면서 필연적으로 몇 몇 주제에 있어서 배우자와 생각이 다르다는 사실을 확인한다. 그 필연적인 차이를 인정하지 못하고 갈등이 깊어지다 보면, 결국 어 느 한쪽이 먼저 부부간의 애착을 요단강 너머로 던져 버리는 말을 내뱉는다.

"네 생각이 한참 잘못됐다."
"아, 진짜 짜증 나게 답답하다."
"생각 좀 해라, 멍청아!"

우리는 부부 관계에서 수많은 상황을 맞이하게 되고, 당신과 배 우자는 각각의 상황에서 서로의 생각을 주고받는다. 어떤 주제에 서는 서로 생각이 다른 것을 이해할 수 있지만, 때로는 첨예한 갈 등을 겪기도 한다. 그리고 첨예한 갈등 대부분은 부부 중 누군가가 먼저 배우자의 생각이 틀리다고 말하면서부터 시작된다. 그렇다면 우선 특정 상황에서 우리는 어떤 과정을 통해 생각하고 판단하는지 살펴볼 필요가 있다.

우선 기본적인 인지 과정을 살펴보면, 우리는 어떤 상황에 놓이면 각자가 가진 프레임을 통해 상황을 인지하고 해석하며 어떤 생각을 하는 데에 이르게 된다. 그리고 생각에 따라 다른 감정을 느끼게 되고, 그 감정에 따라 우리는 행동하게 된다. 때로는 감정에 따라 신체적인 반응이 나타나기도 한다.

여기서 중요한 것은 **어떤 상황에서 떠오르는 생각과 감정, 행동이 각각의 상황에 따르는 것이 아니라, 우리가 상황을 어떻게 인지하고 해석하느냐에 따른다는 것이다.** 그리고 우리가 살아가면서 모든 상황마다 같은 관점에서 같은 방식으로 인지하고 같은 해석을 하는 사람을 찾는 것은 불가능하다. 그래서 부부는 같은 상황에도 각자 다른 생각과 판단을 가질 수밖에 없음을 전제로 소통하는 노력이 필요하다.

기본적으로 인간은 합리성을 추구하는 존재이기에, 부부가 서로 다름을 전제로 해서 대화하는 노력을 반복하다 보면 어느새 의도치 않아도 그런 대화가 가능해진다. 더 나아가, 부부는 원만한 소통에 대한 믿음이 커지고 이를 바탕으로 더욱더 굳건한 관계를 형성할 수 있게 된다.

그렇다면 같은 상황을 서로 다른 관점으로 바라보는 이유를 성격 구조적인 측면에서 좀 더 구체적으로 살펴보도록 하자. 이를 통해 부부는 서로 생각이 맞고 틀린 것이 아니라 다른 것임을 더 깊이 이해할 수 있을 것이다.

정신 분석의 창시자이자 무의식의 존재를 처음 주장한 지그문트 프로이트Sigmund Freud는 인간의 성격 구조가 이드id, 초자아super-ego, 자아ego로 구성되어 있다고 주장했다. 우선 이드는 개인의 본능적인 욕구로, 초자아는 인간이 추구해야 하는 양심이자 이상으로 성격 구조를 구성한다. 그리고 개인의 본능적인 욕구와 이성적인 양심 사이에서 발생하는 갈등을 현실 원칙에 근거하여 조율하는 것이 바로 자아라는 요소이다.

우리는 각자 다른 정도의 이드, 초자아를 갖고 있고, 상황마다 욕구와 양심 사이에서 갈등한다. 그리고 각자 다른 성향을 지닌 자아가 갈등을 조율한다. 성격 구조를 구성하는 이 세 가지 요소가 모두 각각 다르기 때문에 상황을 바라보는 우리의 관점이 모두 각자 다른 것이다.

그렇다면 다시 우리는 자신에게 한번 물어보자. 부부 갈등에 있어서 몇몇 진실을 제외하고 자기 생각은 맞고 배우자의 생각은 틀리다는 관점이 과연 합리적일까? 아무리 부부라고 해도 개개인이 가진 성격과 가치관이 다른데 매 상황마다 생각과 판단이 같을 수 있을까? 결코, 그럴 수 없다.

자, 이제부터 우리는 부부의 생각 차이가 맞고 틀린 것이 아니라 서로 다른 것임을 전제로 대화하는 노력을 시작해 보자. 때로는 부부가 원칙적으로 '내가 맞고 네가 틀렸다'는 표현 자체를 금기어로 할 것을 약속하고. 이를 준수하는 경우 서로에게 긍정적 보상을 제공하는 방법도 논쟁이 선을 넘지 않게 만드는 안전장치가 될 수 있다.

summary

1) 프레임은 우리가 상황을 바라보는 관점을 의미한다.

2) 부부는 각자 다른 프레임을 갖고 있기에 같은 상황에서도 생각과 판단은 달라진다.

3) 결국, 부부는 맞고 틀림이 아니라 서로 다른 것임을 전제로 소통해야 한다.

7 : 오류 찾기 게임하기

내면에 깊이 자리한 무의식은 우리가 과거를 바탕으로 하여 현재를 해석하고, 현재를 바탕으로 미래를 예측하도록 한다. 이는 우리가 경험에 근거하여 같은 실수를 반복하지 않도록 도움을 준다. 하지만 종종 **성급한 일반화의 오류**(몇 가지 사례나 경험만을 가지고 그 전체 또는 전체의 속성을 섣불리 단정 짓거나 판단하는 데서 생기는 오류)를 일으키는 원인이 되기도 한다.

진료실을 찾는 부부들은 현재 겪는 불화를 바탕으로 미래에도 역시 불화가 반복될 것으로 예측한다. 하지만 그들의 논리대로라면, 만약 현재 겪는 불화를 잘 풀어낸다면 미래에 겪을 불화를 방지할 수 있다는 것 아닌가? 그런 의미에서 현재 겪는 불화는 미래에 대한 복선일까, 아니면 액땜일까?

정답은 없다. 하지만 당신이 현재 겪는 불화를 복선으로 보고 노력을 포기한다면 미래는 불행해질 가능성이 크고, 액땜으로 보고 노력을 지속한다면 미래는 행복해질 가능성이 크다. 다음에 제시된 미드 〈빅뱅 이론〉은 불화를 겪는 부부에게 현재 위기를 어떻게 바라봐야 하는지에 대한 조언을 제시하고 있다.

〈빅뱅 이론〉의 주인공인 레너드는 2년간의 짝사랑 끝에 페니와 교제를 시작한다. 하지만 페니는 결혼까지 생각하는 레너드를 부담스러워한 나머지 결국 그에게 이별을 통보한다. 하지만 시간이 흘러도 레너드는 페니를 포기하지 못한다. 페니 역시 그에게 호감을 느끼지만, 또다시 그를 힘들게 만들 것 같아 고백을 받아 주지 않는다. 페니는 다시 사귄다고 해도 이전처럼 서로 상처받을 것 같아서 두렵다. 결국, 두려워하는 페니에게 레너드는 한 가지 제안을 한다.

레너드: 컴퓨터 소프트웨어 개발 과정을 잘 아세요?

페니: 재미를 위해서 모른다고 하죠. 뭐죠?

레너드: 실제로 운영자들은 프로그램을 배포하기 전에 시험 운영을 해요. 우리도 한번 그렇게 해 봐요. 서로에게 별로인 점을

찾으면 화를 내기보다 버그를 찾았다고 생각하고 함께 고치면 되잖아요?

페니: 그게 베타테스트예요?

레너드: 이건 알파테스트죠.

페니: 제가 베타테스트를 모를까요?

레너드: 아니요. 제가 아는 체한 것이 잘못이죠. 아하! 이게 첫 번째 버그군요. 페니가 말해서 고쳤잖아요. 괜찮죠?

페니: 그래요. 좋아요. 한번 해 보죠.

알파테스트 또는 오픈 베타테스트는 인터넷 게임 회사가 시행하는 테스트이다. 알파테스트는 소프트웨어 개발 이후 내부 직원을 대상으로 하여 실시하는 성능 시험을 의미하고, 오픈 베타테스트는 소프트웨어를 공식 발표하기 전에 사용자들에게 미리 써 보도록 하는 것을 의미한다. 두 테스트 모두 소프트웨어를 대중에게 공개하기 전에 오류를 찾는 과정으로, 오류를 찾게 되면 회사는 막대한 금전적 손실을 막을 수 있다. 회사 차원에서는 알파 또는 베타테스트 때 오류를 찾는 것이 천만 다행인 것이다. 그래서 오류를 찾으면 그에 합당한 보상을 제공하기도 한다.

부부 관계에도 이를 적용해 보면 어떨까? 우리가 부부간의 갈등을 발견했을 때, 더 큰 불화를 입기 전에 미리 오류를 발견했다는 관점으로 접근하는 것이다. 페니와 레너드처럼 말이다. 단순한 관점의 전환일 뿐이지만, 이러한 태도 변화가 일으키는 긍정적인 효과는 단순하지 않다.

수개월에서 수년에 이르는 연애 기간을 거치며 서로의 가치관과 삶의 목표, 도덕 관념 등에 대해 어느 정도 일치하는 것으로 판단하고 남녀는 결혼을 결정한다. 두 사람은 결혼 이후에 마주치게 될 삶의 변수를 최소화했다고 확신하며 안심한다. 결혼 이후 부부는 자기 선택이 틀리지 않았다는 것을 서로에게 확인받고 싶어 한다. 두 사람이 만나 결혼에 이르면서 수많은 검증과 청문을 했기 때문에 다른 인생의 변수는 없을 거라고 기대한다. 하지만 결혼은 시작에 불과하다. 결혼식은 번지 점프를 뛰기 직전 상황에 불과한 것이다.

결혼 이후 서로를 대하는 부부의 관점, 즉 프레임에 따라 연이어 밀려오는 수많은 갈등과 어려움에 대처하는 방식이 달라진다. 만약 당신이 결혼 전에는 몰랐던 배우자의 모습을 보고 지금까지 거짓된 모습을 보여주었던 것이라는 **거짓 프레임**으로 해석한다면 부부는 번번이 갈등을 겪게 될 것이다. 이들에게 현재 겪는 갈등은 불행한 미래를 예견하는 복선으로 여겨질 것이다.

하지만 누구라도 결혼 전과 후의 모습이 같을 수는 없다. 또한, 결혼 후의 상황은 아무도 예측할 수 없기에 오류를 발견하고 수정하는 것이 당연하다는 사실을 받아들여야 한다. 이러한 **수정 프레임**을 받아들인 부부에게 현재 겪는 갈등은 불행한 미래를 방지하는 액땜일 것이다.

부부는 결혼 이후 겪는 갈등들을 부정적인 관점으로 바라보며 서로 짜증 낼 필요가 없다. 마치 썰매를 타는 상상을 하면서 경사진 오르막길을 즐겁게 올라가듯이, 미래에 더욱 행복한 자신과 가족을 상상하며 현재 겪는 갈등을 풀어 보자. 가장 어두운 시간은 해 뜨기 바로 직전이듯이, 현재 겪는 갈등은 더 행복한 미래의 직전이다.

summary

1) 불화를 겪기 전에 미리 오류를 발견했다는 관점으로 부부 갈

  등을 바라보자.

2) 결혼 후 의견 차이를 수정 프레임으로 해석하면 현재 겪는

  갈등은 액땜이 된다.

3) 하지만 결혼 후의 의견 차이를 거짓 프레임으로 해석하게 되

  면, 현재 겪는 갈등은 미래의 불행에 대한 복선이 된다.

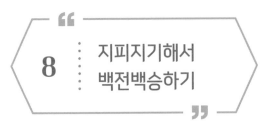

8 지피지기해서
백전백승하기

외래 진료 중, 어떤 여성이 물었다.

"저는 이게 병인가요, 성격의 문제인가요?"

"우선은 성격적인 원인에서 이유를 찾아봐야 할 것 같습니다."

여성은 내게 다시 물었다.

"그럼 성격이랑 우울증이나 불안증 같은 병은 어떤 차이가 있죠?"

우선 성격은 자기 집이고, 정신 질환은 집 안에 비가 새는 상태라고 보면 적절하다. 우리는 튼튼하고 안정적인 성격 구조를 원하지만, 성격 구조상 누구나 크고 작은 결함을 갖고 있다.

집 안 구조가 튼튼하거나 결함이 작은 집은 비바람이 몰아쳐도 버텨 낼 수 있다. 하지만 결함이 큰 집은 버텨 내지 못하고 난장판이 된다. 이처럼 개인의 성격 구조가 안정적이면 스트레스에도 잘 이겨 낸다. 하지만 불안정한 경우에는 스트레스에 무력해진다. (단, 유전적 영향이 높은 정신 질환은 불안정한 성격 구조와는 별개로 발병할 수 있다.)

자신의 성격 구조상의 취약점을 깨닫고 대비하는 과정은, 마치 자기 집에 비가 새는 곳을 찾고 수리하는 과정으로 볼 수 있다. 만약 어디가 취약한지 알아보지 않거나 수리를 하지 않는다면 어떻게 될까? 매년 장마철마다 집 안에 빗물이 새듯이 매번 스트레스에 무력하게 당하는 자신을 발견하지 않을까?

부부 불화 같은 스트레스 상황은 취약한 성격 구조를 더욱 손상시킨다. 하지만 자기 집 구조상 어디가 빗물이 새는 곳인지 알면 장마철마다 빠른 대처가 가능하듯이, 자기 성격 구조상 어디가 취약한지 알고 있으면 원만하게 대처할 수 있다.

하나하나 취약한 곳을 알고 대처하다 보면, 어느 순간 다른 이들보다 더 튼튼하고 굳건한 성격 구조를 가진 자신을 발견하게 된다. 자기 집 구조도 모르고 사는 사람이 없듯이, 자기 성격 구조 정도는 알고 살아야 한다.

자기 성격 구조를 아는 것은 더욱 합리적인 자세로 대화하는 데에도 도움이 된다. 가령 배우자와 대화할 때, 우리는 **자기 생각이나 감정에 대한 확신이 증가할수록 명확하고 합리적으로 의견을 전달**할 수 있다.

자기 성격 구조를 잘 알고 있는 사람은 자신이 상황을 인지하는 방식에 대해 깊은 통찰을 갖고 생각이나 감정, 행동에 대해 검증할 수 있다. 하지만 그렇지 못한 사람은 상황을 인지하는 방식이 왜곡된 건 아닌지, 또는 머릿속을 휘젓는 생각이 과연 합리적인지에 대한 검증을 적절히 이뤄 내기 어렵다.

자기 성격뿐만 아니라 배우자의 성격까지 이해할 수 있다면, 이 것은 부부 관계 형성에도 큰 도움이 된다. 만약 배우자가 스트레스 상황에서 예민한 모습을 보여도, 당신이 배우자의 성격을 이해하고 있으면 보다 차분한 대응이 가능하기 때문이다. 부부가 서로의 성격까지 깊이 이해할 수 있다면, 어떠한 위기에도 무너지지 않고 견고한 관계를 유지할 수 있을 것이다.

지독한 부부 싸움의 끝에는 항상 승자는 없이 패자만 넘쳐난다. 하지만 지피지기면 백전백승이다. 서로의 성격을 잘 이해하는 부부라면 위기 상황을 보다 전체적으로 조망하며 합리적으로 갈등을 해소할 수 있다. 그 결과, 부부는 모두 승자가 되어 가정의 화목함이라는 전리품을 쟁취할 수 있을 것이다.

summary

1) 우리 모두 저마다 성격적인 취약점을 갖고 있다.

2) 부부 불화 같은 스트레스 상황에서 우리의 성격적인 취약점은 더욱 도드라진다.

3) 자기 성격 구조를 알면 알수록 스트레스 상황마다 더욱 합리적인 대처가 가능하다.

9. 과거가 내미는 손을 뿌리치기

부부는 지금, 이 순간부터 다양한 방법을 통해 애착을 회복하고 안전 기지를 만들고자 노력하지만, 얼마 가지 않아 장애물과 마주한다. 그것들은 부부가 뜻을 모아 잘해 보려고 하면 여지없이 나타나서 방해한다. 부부 역시 그것들만 만나면 무력해진다. **그것은 바로 부부의 내면에 남아 있는 과거 자신들의 모습이다.**

남편의 욱하는 성격과 폭음 때문에 진료실에 내원하여 상담을 받는 30대 후반의 부부가 있었다. 남편은 아내에게 달라진 모습을 보여 주고자 부부 상담 외에도 개인 면담 및 약물 치료까지 병행하고 있었다. 과거와 달리 그는 직장 회식조차 불참할 만큼 금주 의지를 강하게 보이고 있었다. 또한, 부부 대화 시 의견을 더욱 차분히 말하는 변화도 관찰되었다. 나는 긍정적 변화를 보이는 남편에게 적극적인 지지를 보냈다. 하지만 아내는 양팔을 팔짱 낀 채 말했다.

> 아내: "언제든지 과거처럼 욱하고 화낼 것이 뻔해요. 술도 끊는 다고 한 적이 한두 번이 아니에요. 한순간이에요. 제가 지금도 과거 생각만 하면 울화통이 치밀어요."

아내의 말을 들으면서 남편은 허탈한 표정을 지으며 고개를 가로저었다. 남편이 허탈해 하는 것도 이해가 되지만, 더 이상 기대하고 싶어 하지 않는 아내의 마음도 이해가 된다. 부부의 적은 서로가 아니라, 바로 과거 자신들의 모습이었다.

현재 부부가 아무리 노력하고 달라진 모습을 보인다고 해도 과거의 자신들을 현재로 소환하는 순간 부부는 다시 좌절한다. 남편은 자신의 노력에도 불구하고 과거 기억을 떠올리며 불신하는 아내를 보면 무력해진다. 아내는 남편의 변화를 보면서도 과거 기억이 떠오르면 경계심을 놓을 수가 없다. 그렇게 과거를 현재로 끌고 와서 되새김질하다 보면, 부부는 결국 과거에 굴복하고 노력을 멈추게 된다.

대개 부부가 과거에 굴복하는 이유는 아직도 과거에 대한 미련이 있기 때문이다. '과거에도 우리는 행복할 수 있었어' 또는 '당신이 잘

했다면 과거를 망치지 않았어'라는 식으로 말이다. 부부는 과거에서 시작된 미련의 끄나풀을 현재까지 연결시킨 채, 지금 이 시간도 지나고 나면 과거처럼 후회로 물들까 봐 두려워한다.

아이러니하게도 부부는 지금, 이 순간이 행복할수록 고통만 가득했던 과거의 자신들이 더 안타깝고 속상하기만 하다. 그리고 속상해하는 부부의 귀에 대고 과거의 부부는 속삭인다.

"의심을 거두지 마. 언제든지 다시 힘들어질 수 있어."

이제 더는 과거 속 자신의 유혹에 넘어가지 않아야 한다. 현재와 연결된 끄나풀을 끊어 내고 과거의 자신과 이별해야 한다. 만약 부부 모두 애착을 회복시키기로 마음을 먹었다면, 더는 묻고 따지지 말고 망쳐 버린 과거를 인정하자. 그리고 현재 서로의 긍정적 변화에 더욱 집중하자. 결국, 고래를 춤추게 하는 것은 칭찬이다. 우리가 배우자의 긍정적 변화를 의심하고 경계한다고 해서 나아지는 것은 없다.

설령 우리가 묻고 따져서 배우자의 흠집을 찾아낸다고 치자. 그래서 결국 얻는 것이 무엇인가? 우리 또한 다시 패자만이 득실거리는 전쟁터에 놓여 있을 뿐이다. 경계를 늦추지 않고 의심한 덕분에 배우자의 흠집을 찾아낸 것이라고 믿고 싶겠지만, 불신 가득한 우리의 눈빛이 배우자를 지치게 만든 것일 수도 있다.

배우자가 더 나은 사람이 되게 하는 것은 사랑하는 이의 의심이 아닌 믿음이다. 우리가 전적으로 믿고 지지했음에도 불구하고 배우자가 다시 이전 모습으로 돌아갈 수도 있다. 하지만 그것을 자책하거나 후회할 필요는 없다. 어차피 믿지 않았다 한들, 배우자가 더 나은 모습을 보였거나 우리가 덜 상처받았을 거라는 보장은 없기 때문이다. 최소한 우리 자신은 부부로서 해야 할 도리를 다한 것이다.

과거를 수용하지 못하는 이들은 과거에 집착하며 현재를 살아간다. 하지만 과거를 수용한 이들은 현재를 살아가며 미래를 바라본다. 과거를 있는 그대로 수용하지 못한다면, 현재에도 부부는 과거에 집착하며 긍정적 변화를 도모하지 못한다. 하지만 과거를 망쳐버린 시간으로 수용할 수 있다면, 부부는 과거에 집착하지 않고 현재를 살아가며 긍정적 변화를 도모하는 데 힘쓸 수 있다. 과거를 떠나보내는 일은 더 나은 현재와 미래를 바라는 부부라면 응당 해야 할 노력이다.

이제 그만 흐르는 강물에 과거를 흘려보내자. 시간의 흐름을 거스르면서까지 과거를 현재로 갖고 오지 말자.

영화 〈창문을 넘어 도망친 100세 노인〉(2014)에서 '소중한 순간이 오면 따지지 말고 누려야 한다'는 말처럼 우리 모두 현재에 더욱 집중하고 서로의 긍정적인 변화에 박수를 보내 주자.

summary

1) 부부는 과거의 상처받은 자신들을 만나면 매번 무력해진다. ☐

2) 과거를 되새김질하는 부부는 결국 현재의 노력마저 멈추게 ☐
된다. ☐

3) 결국, 배우자를 변화시키는 건 당신의 의심이 아니라 믿음 ☐
이다. ☐

"아쉽지만 당신은 과거를 망쳐 버렸습니다."

진료실을 찾은 그녀는 항상 자신의 과거를 후회하고 아쉬워하며 현재에도 고통받고 있는 20대 여성이다. 결국, 나는 고통받는 그녀의 명치에 시원하게 주먹을 내지르는 말을 했다. 그녀는 진짜 명치를 맞은 듯이 잠시 멍한 표정을 지었지만, 이내 웃음을 지어 보였다. 사실 그녀도 이미 알고 있었기 때문이다.

《해리 포터》에 나오는 마법사인 볼드모트의 이름처럼, 단지 나도 그녀도 말하지 못하고 있었을 뿐이다. 그녀는 과거도 수리가 될지 모른다는 무의식적인 기대 때문에 망쳐 버린 자신의 과거를 인정하는 것이 어려웠고, 나는 정신과 의사라는 직업적 쇠사슬에 강

박되어 이를 말하는 것이 어려웠던 것이다.

하지만 과거에서 시작된 불길이 그녀의 현재마저 덮치는 것을 더는 방치할 수 없었다. 나는 허탈하게 웃는 그녀를 앞에 두고 말을 이어 갔다.

당신은 지금 열 칸으로 이뤄진 기차를 타고 있다. 그리고 당신은 뒤에서 세 번째 칸 위에 서서 가장 뒤에 있는 기차 두 칸이 불타는 것을 바라보고 있다. 달리는 기차에서 이미 두 칸을 점령한 화마火魔를 당신이 잠재울 방법은 없다. 유일하게 할 수 있는 건 당신이 서 있는 곳까지 화마가 덮치지 않도록 기차 고리를 끊어 내는 것뿐이다.

만약 당신이 불타는 기차 두 칸을 바라보면서, 불이 난 이유가 도대체 무엇인지, 뭘 잘못한 것인지 자문하며 고리를 끊어 내지 못하고 시간을 지체한다면, 결국 화마가 당신이 서 있는 곳까지 덮칠 것이다. 그러면 당신은 또다시 불을 끌 방법을 찾지 못한 채 앞 칸으로 몸을 옮겨야 한다.

당신의 과거도 마찬가지이다. 이미 망쳐 버린 당신의 과거를 바꿀 방법은 없다. 과거가 망쳐진 것을 수용하지 못하고 부정하거나 집착하는 행동은 당신의 현재까지 망쳐 버릴 뿐이다. 마치 당신이 서 있는 기차 칸에 불이 옮겨붙는 것처럼 말이다.

당신의 인생은 열 칸으로 구성된 기차와 다르지 않다. 아직 남은 기차를 지키고 싶다면, 이미 불타 버린 기차 칸을 인정하고 받아들여야 한다. 나는 그녀에게 망쳐 버린 과거를 현재에서 끊어 내고 이제 앞으로 나아가야 한다고 재차 말했다.

20대인 그녀는 학창 시절 내내 심한 따돌림을 당하는 고통을 겪었다. 부모는 남들 다 잘 다니는 학교도 못 다닌다며 그녀를 못마땅해했다. 그녀는 세상 전부가 자신을 무시하는 것 같았다. 그녀는 20대에 이르러서도 세상에 분노하고 있다. 그리고 다른 누구보다 세상에 무기력했던 자기 자신에게 가장 분노하고 있다. 그녀는 대체 삶이 그토록 처참했던 이유가 뭐냐고 매일매일 울부짖고 있다. 그녀는 자신이 힘들 수밖에 없었던 이유가 자신을 따돌린 녀석들 때문인지, 자신을 괴롭히는 녀석들을 방치한 담임 선생님 때문인지, 힘들어하는 자신을 보듬어 주지 않은 부모 때문인지, 아니면 그들의 폭력에 무기력했던 자신이 가장 큰 문제였는지를 날마다 자문했다.

딱 떨어지는 답이 없는데도 그녀는 하루하루 과거를 되새김질하며 답을 찾고 있다. 그렇게 망쳐 버린 오늘은 그녀의 어제가 되고, 또 다른 오늘이 오면 그녀는 또다시 과거에 대한 답을 찾으며 고통을 반복한다. 마치 당신이 서 있는 기차 칸까지 불이 번지면서 앞 칸으로 옮겨 가듯이 말이다.

때로는 원인이 딱 떨어지지 않는 시간이 있다. 마치 길을 걷다가 턱에 걸려 넘어진 것처럼 말이다. 그녀를 따돌린 친구들, 그녀를 방치한 선생님, 그녀를 못마땅해한 부모, 그녀를 지키지 못한 그녀 자신…. 그저 명확하게 구분할 수 없는 수많은 원인으로 인해 망쳐 버렸을 뿐, 이에 대한 직접적 원인을 단정 짓기는 어렵다.

그저 우리가 현재에서 과거를 바라보며 할 수 있는 것은 불타 버린 과거를 수용하는 것뿐이다. 그리고 우리가 존재하는 현재만큼은 불타 버리지 않도록 할 뿐이다. 불타 버린 과거가 아쉽고 아까워서 이를 수용하지 못한 채 계속해서 집착할수록 시간이 지난 뒤 우리가 아쉬워할 과거는 늘어만 간다. 지금은 자신이 10대였던 시간이 안타깝지만, 이대로 시간이 지나면 자신이 20대, 30대였던 시간마저도 안타깝게 느껴질 것이다.

"지금까지의 내 과거는 망쳐 버렸어요. 하지만 지금부터의 내 삶은 망치지 않고 싶어요."

그녀의 말처럼 만약 당신도 망쳐 버린 과거가 있다면, 내일이 오면 어제가 될 오늘마저 망치지는 않도록 노력하길 바란다. 그녀의 시간도, 당신의 시간도 거꾸로 흐르지 않는다. 우리의 오늘은 내일이면 어제가 된다. 달라지는 것은 과거가 아닌 오늘과 내일이다. 우리에게 있어서 이미 망쳐 버린 과거는 부정하는 것이 아닌 수용하는 것이다.

부부 관계에서 우리는 다양하고 복잡한 감정을 느낀다. 때로는 배우자가 어떤 감정을 느끼는지도 궁금하다.

'아내는 나를 어떻게 생각할까?'
'남편은 내게 어떤 감정을 느낄까?'

결혼 후 당신은 눈빛, 행동, 언어를 통해 배우자가 어떻게 생각하고 어떻게 느끼는지 추측한다. 하지만 잘 구분해야 한다. 과연 그 생각과 감정의 주체가 배우자인지 말이다. 혹시 그것이 당신이 자신에 대해 생각하고 느끼는 감정은 아닐까? 결국, 당신은 생각과 감정의 주체가 누구인지를 구분하지 못할 때 오해라는 깊은 늪에 빠지게 된다.

정신과 용어 중 Idea of reference, 즉 관계사고라는 용어가 있다. 이는 자신과 연관이 없는 사건을 자신과 연관 지어 생각하는 현상을 정의한다. 관계사고의 주된 예는, 다른 사람이 이야기하는 모습을 보면 마치 내 이야기를 하는 것으로 생각하고 불안해하는 경우이다. 이들은 대개 타인이 자신을 부정적으로 이야기할 거라고 생각한다. 하지만 사실 이들이 느끼는 불안은 타인이 아니라 **자신이 스스로를 왜곡되고 부정적인 관점으로 바라보는 것에서 기인**한다.

우리는 자기 자신을 바라보는 관점에 따라 타인이 우리를 어떻게 바라볼지 판단한다. 내가 스스로를 충분히 만족스럽고 괜찮은 사람으로 바라본다면, 타인이 나를 보는 관점도 그러하리라고 믿

게 된다. 하지만 스스로를 불만족스럽게 바라본다면, 타인이 생각하는 나도 그러하리라고 믿게 되는 것이다.

이는 부부 관계에서도 마찬가지다. 당신이 스스로를 충분히 사랑받을 만한 존재로 느끼면 배우자가 당신을 바라보는 관점도 긍정적일 것이라는 믿음을 유지할 수 있다. 하지만 **당신이 스스로를 매력 없고 볼품도 없는 사람으로 판단할 경우, 배우자가 당신을 바라보는 관점도 그러할 것으로 여기게 된다.**

윌리엄 셰익스피어의 4대 비극 중 하나인 《오셀로Othello》를 한번 보자. 아프리카 무어인 출신 장군인 오셀로는 신분 차이를 극복하고 왕족인 데스데모나와 결혼한다. 평생 아내만을 사랑할 것을 맹세했지만, 그는 아내의 외도를 의심하고 그녀를 살해한다. 시간이 지나 아내를 오해했음을 알게 된 그는 끝내 자살을 선택한다. 대체 오셀로는 어떤 이유로 아내를 믿지 않은 걸까?

극 중 오셀로의 부하인 이아고는 이간질에 아주 능한 간신이다. 그는 세 치 혀를 놀려 오셀로가 아내를 의심하게 만든다. 하지만 그것이 근본적인 이유는 아니다. 사실 오셀로가 끔찍한 짓을 저지른 건 자기 내면의 소리를 구분하지 못하고 평정심을 잃은 데서 찾아야 한다.

평소 오셀로 장군은 왕족인 아내가 이민족 출신인 자신을 사랑해 줘서 행복했다. 그런데 동시에 그의 내면에는 아내가 자신을 떠나 같은 피부색과 배경을 가진 남자를 사랑할지 모른다는 불안 또한 공존하고 있었다. 결국, 이아고는 오셀로의 내면에 자리한 불안을 알아채고 이를 이용했다. 오셀로의 측근 중 잘생기고 성격이 유순한 카시오를 이용하여 오셀로의 열등감을 자극한 것이다. 질투에 눈이 먼 오셀로는 아내가 카시오를 사랑하고 있다고 확신한 나머지 아내를 살해한다. 만약 오셀로가 자기 자신을 아내가 사랑할 만한 남성으로 확신할 수 있었다면 어땠을까? 최소한 이아고의 세치 혀가 떠드는 소리만 듣고 아내를 살해하진 않았을 것이다.

자기 내부에서 들려오는 목소리는 부부 관계에 균열을 일으킨다. 우리는 트로이의 목마처럼 외부 공격보다 내부에서 주어지는 공격에 더 취약할 수밖에 없고, 그것으로 인해 평정심을 유지하는 데에 어려움을 겪는다.

마치 외부에서 병균이 침입하면 우리 몸의 면역 체계가 이를 감지하고 대항하듯이, 우리도 타인의 비난이나 공격에 대응할 수 있다. 하지만 몸 안 장기에서 시작되어 주변으로 빠르게 퍼지는 암세포처럼 자기 내면에서 생성되는 소리에는 대응하기가 어렵다. 자기 내면에서 생성되는 소리에서는 이질감이 느껴지지 않기 때문이다. 그저 내 생각이고 내 감정이기에 사실처럼 느껴지는 것이다.

부부는 끊임없이 소통하면서 지금 머릿속을 뒤흔드는 생각이 과연 사실인지 아니면 공상에 불과한 건 아닌지 확인해야 한다. 내면의 소리를 비판 없이 받아들여서는 안 된다. 항상 대화를 통해 검증하고 또 검증해야 한다. 부부는 가장 가까우면서도 동시에 어느 관계보다 편견에 빠져 서로를 오해하기 쉬운 관계임을 기억해야 한다.

"편견은 내가 다른 사람을 사랑하지 못하게 하고, 오만은 다른 사람이 나를 사랑할 수 없게 만든다."

– 영화 〈오만과 편견〉(2005)

summary

1) 우리는 생각과 감정의 주체가 누구인지 구분하지 못할 때 오해라는 늪에 빠진다.

2) 우리는 자기 자신을 바라보는 관점에 따라 타인이 우리를 어떻게 바라볼지 판단한다.

3) 부부는 내면의 소리를 비판 없이 받아들이지 말고 항상 대화를 통해 검증해야 한다.

2003년 방영된 MBC 드라마 〈다모〉에서 배우 이서진은 아파하
는 하지원을 보며 말한다.

"아프냐. 나도 아프다."

이는 이서진 신드롬을 일으켰을 만큼 보는 이들을 설레게 했다.
그런데 의문이 든다. 아픈 곳도 없는 이서진이 하지원을 보며 같이
아파했던 이유는 무엇일까? 하지원이 설레는 건 알겠는데, 구경꾼
인 우리가 설렜던 이유는 무엇일까?

우리는 진정 사랑하는 이가 아파하는 모습을 보면 차라리 대신
아팠으면 싶을 정도로 고통스럽다. 그리고 먼저 세상을 떠난 자녀

를 떠올리며 눈물 흘리는 부모를 보면 어느새 우리의 두 눈에도 눈물이 흘러내린다. 그 이유는 우리가 지닌 공감 능력에서 찾을 수 있다. 그렇다면 우리는 사랑하는 이가 아플 때만 같이 아파하는 걸까? 안타깝지만 그렇지 않다. 우리는 사랑하는 이가 분노할 때도 같이 분노하게 된다.

2001년 이탈리아 파르마대 생리학연구소장인 지아코모 리촐라티Giacomo Rizzolatti 교수 팀은 흥미로운 연구 결과를 소개했다. 그들은 동물 실험을 진행한 결과, 원숭이가 바나나를 움켜쥐거나 땅콩을 잡는 행동을 할 때 특정 뉴런이 활성화되는 것을 발견했다. 하지만 이 흥미로운 결과는 전혀 의도치 않은 상황에서 발견되었다.

교수 팀 중 한 연구자가 음식을 잡자, 그 모습을 보는 원숭이의 뇌 부위 중 특정 영역이 활성화activation된 것이다. 그런데 활성화된 특정 뇌 영역은 원숭이가 직접 바나나를 움켜쥘 때 활성화되었던 뉴런과 일치하는 결과를 보였다. 원숭이는 그저 타인이 움켜쥐는 행동을 하는 것을 보았을 뿐인데 자신이 직접 움켜쥐는 것과 같은 반응을 나타낸 것이다. 리촐라티 교수 팀은 원숭이가 다른 사람의 행동을 보는 것만으로 마치 자신이 같은 행동을 할 때처럼 두뇌 속 뉴런들이 반응한다는 것을 알아냈다. 이것이 바로 거울 뉴런mirror neuron이다.

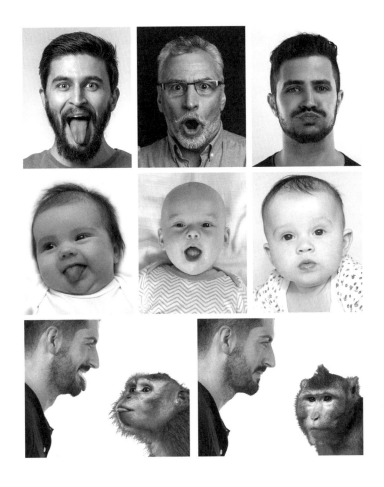

이는 단지 타인의 행동을 보는 것만으로 마치 자신이 행동하는 것처럼 느끼고 지각할 수 있다는 것을 의미한다. 또한, 거울 뉴런에 관한 fMRI 연구를 통해 사회적 동물로서 인간이 그간 보여 준 공감과 모방 그리고 동시성에 근거한 행동을 설명할 수 있었다.

인간은 그 어떤 종보다 사회적인 존재로서 타인과 소통하고 공감하며 살아간다. 우리는 배우자의 긍정적인 감정 표현에 쉽게 동화되어 행복감을 느낀다. 하지만 배우자의 부정적인 감정 표현에도 쉽게 동화되어 분노를 느낀다.

마치 거울을 마주 보고 화를 내는 것 같은 부부를 자주 볼 수 있다. 아내에게 화내지 말라고 소리 지르면서 같이 화내는 남편, 남편에게 비아냥거리지 말라고 하면서 비아냥거리는 아내. 아마 우리도 그런 적이 있을 것이다. 서로 총을 겨눈 채, 상대방에게 먼저 총을 내려놓으라고 소리치는 영화 장면처럼, 부부가 서로 흥분하지 말라며 소리친 적 말이다.

배우자의 표정은 거울에 비친 당신의 표정이다. 우리는 거울 뉴런이 가진 생물학적 근거를 유념하고 대화해야 한다. 기억하자. 상대방이 총을 내리지 않는 이유는 내가 총을 내리지 않고 있기 때문이다. 배우자가 분노를 거두지 못하는 이유는 내가 분노를 거두지 못하고 있기 때문일 것이다.

자, 그렇다면 우리는 부부 모두가 분노, 짜증 같은 감정적인 반응을 조절할 수 있는 방법을 찾아야 한다. 만약 부부 중 누군가 감정적인 반응을 보이면 다른 한 명마저도 같은 반응을 나타낼 위험이 크기 때문이다.

우리가 가진 이성으로 감정적인 반응을 보다 신속하게 통제할 방법은 없을까? 머리로는 알고 있으면서도 매번 이성보다 감정에 지배되는 이유는 뭘까? 다음 장에서 우리가 감정에 지배되는 이유와 이성적인 판단을 좀더 강화할 방법을 한번 알아보도록 하자.

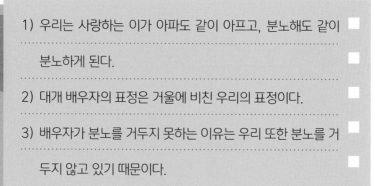

1) 우리는 사랑하는 이가 아파도 같이 아프고, 분노해도 같이 분노하게 된다.

2) 대개 배우자의 표정은 거울에 비친 우리의 표정이다.

3) 배우자가 분노를 거두지 못하는 이유는 우리 또한 분노를 거두지 않고 있기 때문이다.

12

변연계가 아닌
전두엽에서 기다리기

스트레스 자극이 주어졌을 때, 이성적인 판단보다 감정적인 반응이 먼저 나타나는 이유는 무엇일까? 지금부터 자극이 우리의 눈과 귀를 거쳐 뇌로 전달되는 경로를 통해 이유를 알아보도록 하자.

우선 시각, 청각 등의 자극이 눈, 귀 등의 감각 기관을 통해서 뇌로 유입되면 두 가지 신경 전달 경로를 통해 감각 정보가 전달된다. 첫 번째 경로는 감정적인 반응을 담당하는 변연계limbic system로, 두 번째 경로는 이성적인 판단을 담당하는 전전두엽 피질prefrontal cortex로 감각 정보가 전달된다. 결국, 우리가 감정적인 반응 또는 이성적인 판단 중 어느 것에 중점을 두고 행동하느냐는 감각 정보가 두 가지 목적지 중 어디에 먼저 전달되느냐에 달려 있다.

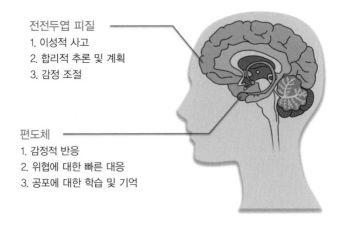

전전두엽 피질
1. 이성적 사고
2. 합리적 추론 및 계획
3. 감정 조절

편도체
1. 감정적 반응
2. 위협에 대한 빠른 대응
3. 공포에 대한 학습 및 기억

그럼 우리가 스트레스 상황에서 매번 감정적으로 대응하는 이유는 뭘까? 이제 다들 답을 알 것이다. 간단하다. 전전두엽 피질보다 변연계로 정보를 전달하는 속도가 훨씬 빠르기 때문이다. **감각 정보를 변연계로 전달하는 철로는 KTX이고, 전전두엽 피질로 보내는 철로는 무궁화호이다.** 결국, 변연계가 스트레스 자극을 먼저 전달받아 이를 해석하는 것이다. 이로 인해 스트레스 상황에서는 이성적인 판단보다 감정적인 반응이 앞서 나타나게 된다.

부부 싸움을 예로 들어 보자. 분노에 가득 찬 배우자의 말과 행동은 감각 기관을 통해 당신의 뇌로 유입된다. 뇌로 유입된 감각 정보는 가장 먼저 변연계에 도착하고, **변연계를 구성하는 부위 중 하나인 편도체**amygdala에서 불안을 느끼게 되면서 경보 신호를 울린다.

이는 우리 몸에 경계 태세를 갖추라는 명령을 내리는 것으로, 맹견이 우리를 쫓아오는 것과 같이 생명이 위급한 상황에서는 꼭 필요한 반응이다.

하지만 부부 싸움처럼 이성적인 판단이 필요한 상황에서도 변연계는 과도하게 경보 신호를 작동시켜 급격한 감정 및 신체 반응을 만들어 낸다. 결국, 우리는 변연계의 지배를 받으며 심장이 두근거리고 호흡이 가빠지면서 근긴장이 올라간 흥분 상태가 된다. 흥분과 긴장은 우리를 더욱 불안하게 만들고, 마치 전쟁에서 눈과 귀를 닫고 총만 쏘는 군인처럼 눈과 귀를 닫고 분노하게 만든다.

이때 뒤늦게 감각 정보가 전전두엽 피질에 도달하지만, 이미 흥분 상태에 있는 우리는 감정을 통제하기가 힘들다. 마치 적군과 아군을 구분하지 않고 총을 쏴 버린 군인처럼 분노를 마구 표출해 버린 뒤 수습조차 하기 힘든 상황에 놓여 있기 때문이다. 이성적인 판단이 이뤄질 때까지 기다리지 못하고 흥분 상태에서 감정적인 반응만 주고받고 나면 결국 후회만이 남는다. 또한, 감정적 흥분이 먼저 나타나면 이것은 상황에 대한 왜곡된 해석을 유발한다. 이에 기반하는 말과 행동은 불필요한 감정적 소요를 일으키고 불화를 악화시키는 요인이다.

그렇다면 우리는 부부 싸움을 할 때마다 부정적인 감정 반응에 무력할 수밖에 없는 걸까? 무궁화호 같은 정보 전달 속도는 개선이 되지 않는 건가? 다행히 그건 아니다. 다만, 노력이 필요하다.

우선 단 5초의 시간으로 시작해 보길 권한다. 우리에게 5초의 여유가 있다면, 자극이 주어질 때 감정적 흥분을 지연시키고 이성적인 판단 과정을 기다리며 갈등이 악화되는 것을 막을 수 있다. 잠시 상황에 대한 판단을 유보한 채로 깊게 숨을 들이마시고 천천히 숨을 내쉬는 시간을 가져 보는 것이다.

대개 5초 정도면 상황에 대한 이성적인 판단이 충분히 가능하다. 그리고 5초간 들숨과 날숨을 1대 2의 비율로 호흡하는 것이 좋다. 충분한 날숨은 편도체가 내린 경보 신호로 인해 상승한 심장 박동 수와 근긴장을 안정시키기 때문이다. 이는 흥분 상태에서 서슬 퍼런 말들을 쏟아 내기보다 이성적인 판단을 내릴 수 있도록 한다. 게다가 우리가 갖는 단 5초의 시간은 부부 모두에게 똑같이 주어지기 때문에 배우자 또한 이성적인 판단을 하도록 도와준다.

단 5초의 시간을 위한 부부의 노력은 서로의 마음에 원치 않는 상처를 주지 않는 보상으로 이어진다. 학습이론learning theory에서 보상이 주어졌을 때 강화reinforcement가 이뤄지는 것처럼, 긍정적 경험은 이성적이고 이타적인 사고를 강화하는 효과를 가져온다. 마치 근력 운동을 반복할수록 점점 근육이 두꺼워지듯이, 이성적인 판단을 반복할수록 전전두엽 피질로 정보가 전달되는 속도 또한 점점 빨라진다. 그러면 이제 모든 게 해결된 것일까?

summary

1) 격렬한 다툼마다 감정 반응이 먼저 나타나는 이유는 전두엽

   보다 변연계로 정보가 전달되는 속도가 더 빠르기 때문이다.

2) 스트레스 자극이 전달되면 변연계는 과도하게 경보 신호를

   작동시켜 급격한 감정 또는 신체 반응을 일으킨다.

3) 5초의 시간: 감정적인 흥분을 지연시키고 이성적인 판단을

   이뤄 내어 갈등이 고조되는 것을 막을 수 있다.

13

총 쏘기 전에 먼저 확인하기

그런데도 우리는 잠시도 흥분을 가라앉히지 못하는 경우가 있다. 그 이유는 무엇일까? 너무 화가 나서 그런 걸까? 아니다. 그건 우리 모두 용기가 나지 않기 때문이다. 우리는 분노라는 방패 뒤에 숨어 있는 것이다.

앞에서 언급했듯이 전쟁 중 쏟아지는 포화와 총성을 마주하면 다수의 군인은 불안과 두려움에 용기를 잃고 숨어 버린다. 하지만 지휘관은 뒤에서 총을 겨누며 대응 사격을 하라고 명령한다. 진퇴양난에 놓인 군인은 앞도 보지 않고 총만 쏘아 대기 시작한다. 그렇게 그들은 아군마저 사격해 버린 상황에 놓인다.

우리 또한 마찬가지이다. 우리의 불안과 긴장은 상황을 제대로 파악하는 것을 방해하고, 우리의 분노는 머리에 총구를 겨누고 대응 사격을 하라고 명령한다. 결국, 상황에 대한 파악도 안 된 채 우리는 분노하며 대응한다. 마치 몸을 웅크리고 총만 쏘아 대는 군인처럼 말이다.

용기 있는 군인은 잠시 총 쏘는 것을 멈추고 상대방이 적군이 맞는지, 혹시 아군이나 시민은 아닌지를 파악하는 데에 공을 들인다. 그들의 용기는 불필요한 전쟁을 멈추게 하고 서로 간의 피해 또한

현격히 줄어들게 한다. 같은 맥락에서 우리도 잠시 감정적인 대응을 멈추고 배우자의 내면을 들여다보는 용기를 갖는다면, 부부간의 불필요한 전쟁 역시 막을 수 있다.

누가 먼저 진정하라고 소리칠 필요도 없다. 어차피 전쟁이 휩쓸고 간 자리는 폐허가 되어 버리는데, 그걸 따지는 것이 무슨 의미가 있겠는가. 누가 먼저 진정하냐고? 가능한 사람이 먼저 진정하는 것이다. 그런 마음으로 대화에 임해야 이 총성 없는 전쟁을 멈추는 게 가능하다. 사랑은 용기 있는 자의 특권이라는 마하트마 간디의 말처럼 사랑은 용기 없는 자들은 누릴 수 없는 특권인 것이다.

만약 당신이 용기 있는 사람이라면, 배우자가 예민하게 반응하거나 짜증스러운 반응을 보일 때 먼저 숨을 깊게 들이마시고 내쉬면서 안정을 취한 후 용기 내어 다가가 보자. 배우자는 지금 너무 예민해져 있어서 총을 내려놓을 만큼의 여유도 용기도 없는 상태라고 생각하자. 당신이 먼저 호흡을 가다듬고 차분하게 말을 건네 보자. 그리고 당신의 내면에 담긴 1차 감정도 담아서 이야기하자. 분노라는 감정 이면에 자리한 배우자의 슬픔을 당신이 보고자 한다면, 배우자 또한 분노를 멈추고 슬픔을 드러낼 것이다.

중요한 협상을 할 때는 뜨거운 감정을 가라앉히고 차가운 이성을 유지하며 상대방의 마음에 접근해야 한다. 당신의 생각이 배우자의 마음속 깊이 전달되기 위해서는 뜨거운 감정을 가라앉히고 표현하는 것이 필요하다.

summary

1) 용기가 없는 부부는 매번 분노라는 방패 뒤에 숨는다.

2) 과도한 불안과 긴장은 상황을 제대로 파악하지 못하게 만든다.

3) 사랑은 용기 있는 자의 특권이다.

14

> **찰떡같은 마음은
> 찰떡같이 표현하기**

조남주 작가의 《82년생 김지영》(2016)에서, 아내인 김지영이 임신 기간과 출산 이후 감당해야 하는 것들에 대해 이야기를 하면 남편은 항상 자신도 **도와주겠다**고 말한다. 물론 남편의 도와준다는 말 앞에는 '최선을 다해서'라는 말도 있고, '열심히'라는 말도 있을 것이다. 하지만 김지영은 남편의 도와준다는 말이 더없이 거슬린다.

결국, 김지영은 참고 있던 불만을 터뜨리며 육아는 남편이 돕는 것이 아니라 부부가 함께하는 것임을 이야기한다. 남편은 자기가 한 말을 다시 잘 설명하여 오해를 풀지만, 김지영은 남편의 도와준다는 표현에서 육아가 온전히 여성의 책임인 것 같아 속상하기만 하다.

김지영 부부에게서 볼 수 있듯이 잘못된 표현 방식은 불필요한 오해와 감정적 소요를 일으킨다. 우리가 아무리 찰떡같은 마음을 갖고 있어도 개떡 같이 표현되면 상대방은 그저 개떡을 전달받을 뿐임을 기억해야 한다. 여기서 우리는 찰떡같은 마음을 보냈다고 고집만 부릴 것인가? 그 시간에 차라리 배송 착오를 인정하고 다시 포장해서 보내는 것은 어떨까? 이제 우리는 부부 관계를 회복하는 마지막 원칙을 통해 배우자에게 마음을 잘 전달해 보자.

내가 전공의 수련을 받을 당시, 어떤 선배는 항상 "개떡 같이 말해도 찰떡같이 알아들어야 하는 거 아냐?"라고 말했다. 그때마다 나의 머릿속에 드는 생각은 '개떡 같이 말하면 개떡 같이 들리는 거 아닌가?'였다. 그때는 차마 그 선배한테 말하지 못했지만, 둘 다 전문의가 된 후에는 말할 수 있었다. 얼마나 속이 시원하던지.

우리는 개떡 같이 말해도 찰떡같이 알아들으라는 황당한 요구를 하는 이들을 주변에서 쉽게 찾을 수 있다. 결국, 그런 요구를 하는 선배나 어른은 흔히 꼰대라고 불리기 마련이다. 그런데 부부 관계에서도 개떡 같이 말하면서 배우자가 찰떡같이 알아듣기를 요구하는 이들이 있다. 자기 배우자가 궁예라도 되는 줄 아는 이들은 자기 얼굴만 봐도 마음을 알 수 있지 않으냐고 반문한다. 예를 들면 '나는 너를 사랑한다. 사랑하면 말하지 않아도 알 수 있다. 고로 말하지 않아도 내가 사랑하는 걸 너는 알 수 있다'라는 것이다. 아이러니한 건 정작 이들은 배우자가 얼마나 힘든지 전혀 알아채지 못하고 있다는 것이다.

우선 부부는 서로 말하지 않아도 알 수 있다는 전제부터 잘못되었다. 우리는 부동산 구매 또는 취업처럼 법적 계약을 맺을 때 세세한 부분까지 하나하나 글로 명시하며 계약서를 작성한다. 단어가 가진 의미 하나하나를 고려하며 신중하게 계약서를 작성하는 이유는, 서로가 다른 기준으로 해석할 수 있는 오해의 소지를 최대한 없애기 위함이다. 부부 역시 법적 계약 관계 중 하나이다. 우리는 부부 관계 또한 같은 관점으로 바라봐야 한다.

'개떡 같이 말하면 개떡 같이 들리고, 찰떡같이 말해야 찰떡같이 들린다'는 것은 반박 불가한 진리이다. 하물며 개떡 같은 마음도 찰떡같이 전달하면 찰떡처럼 들린다는 점에서 소통 방식이 얼마나 중요한지 알 수 있다. 당신이 무슨 말을 했느냐보다 배우자가 무슨 말을 들었느냐에 관심을 더 가져야 한다. 찰떡같은 마음은 배우자가 건네받을 때 가장 찰떡같아야 한다.

1) 잘못된 표현 방식은 불필요한 오해를 유발하고 소모적인 다
툼을 일으킨다.

2) 우리가 전달한 말보다 중요한 것은 배우자가 전달받은 말
이다.

3) 우리의 표현 방식은 우리의 진심만큼이나 중요하다.

summary

5장

부부 관계를
종료해야 할 때 주의점

당신은 혹시 포커를 해 본 적이 있는가? 당신이 포커판에 앉아 있다고 한번 생각해 보자. 아마 당신은 자신과 상대가 가진 카드를 번갈아 보며 가능한 조합을 추측하고 승리할 가능성을 예상한 후

칩을 적절히 베팅할 것이다. 도박의 신이 아니고서야 우리는 다들 그렇게 포커를 친다. 하지만 만약 당신의 손에 들린 카드만 보고서 가지고 있는 칩을 모두 걸어야 한다면 베팅에 응하겠는가?

대개 당신은 말도 안 되는 소리라고 할 것이다. 사실 우리는 포커를 칠 때, 자기 카드의 조합보다 상대가 내놓은 카드를 보며 조합을 추측하는 데에 더 많은 시간과 노력을 들인다. 그렇다면 우리가 상대 카드를 보며 고민하는 데 더 큰 노력을 들이는 건 어떤 이유일까?

이유는 우리가 가진 카드는 확실하지만, 상대가 가진 카드는 불확실하기 때문이다. 우리가 **불확실성을 최소화하는 것은 승산을 높일 뿐만 아니라 결과에 대한 후회를 줄이는 방법이다**. 만약 우리가 충분히 상대의 카드 조합을 예상하지 않고 불확실성이 높은 상황에서 가지고 있는 칩을 몽땅 베팅한다면 어떻게 될까? 이후 마주하게 될 시련을 당신은 감당할 수 있을까?

자, 이제부터 이혼을 고민하는 당신과 당신의 배우자도 이러한 관점에서 한번 생각해 보자.

불화가 깊어지면, 결국 부부는 이혼을 결심한다. 그렇다면 이혼을 결심한 부부 모두는 자기 내면뿐만 아니라 배우자의 내면에 대해서도 충분히 탐구하고 이해해 보는 노력을 해 봤을까? 혹시 자기 눈에 보이는 사실의 일부만으로 또는 자신이 느끼는 감정만으로 사실의 전부를 판단한 건 아닐까? 어쩌면 배우자의 내면에 대해서 자기 눈과 귀를 닫아 버린 것은 아닐까? 하물며 포커판에서도 자신보다 상대가 가진 카드를 알아내려고 애를 쓰는데, 이혼을 말하는 판국에 배우자의 관점에서 이해 가능한 시나리오를 충분히 예상해 봤는가 말이다.

물론 포커 게임이든 부부 관계든 모든 것을 걸고 승부를 걸어 볼 수 있다. 하지만 포커판에서 **상대가 가진 카드 조합을 확신할 때에 자신이 가진 모든 칩을 베팅하는 것처럼 이혼을 결정할 때에도 최소한 배우자의 내면을 충분히 탐구하고 소통을 한 이후에 이혼 여부를 결정해야 한다.**

이혼은 자기 자신만이 아니라 배우자, 그리고 자녀의 인생까지 모두 다 베팅하는 선택이다. 그렇다면 최소한 우리 눈에는 보이지 않고 배우자의 눈에만 보이는 사실까지도 속속들이 알고 나서 가족 전체를 걸어야 한다. 그렇지 않으면 포커에서 전 재산을 잃은 것보다 더 심한 후회를 겪을 수 있다.

예전에 부부 치료를 문의하고자 진료실을 찾은 부부가 있었다. 아내는 남편의 잦은 분노로 인해 지속적인 우울, 불안을 겪고 있었다. 그리고 남편은 회사 내에서 받는 스트레스와 경제적인 어려움으로 인해 힘들어하고 있었다. 부부는 슬하에 아들 하나, 딸 하나를 두고 있었고, 집안 분위기는 수개월째 삭막함이 계속되고 있었다.

부부는 주변의 권유로 진료실을 찾았지만, 적지 않은 치료비에 부담을 느끼고 부부 치료를 받지 않은 채 진료실을 떠났다. 당시 부부는 대화를 통해 관계를 개선해 보겠다고 했지만, 나는 기본적인 부부 대화법이라도 배워 보도록 권했다. 그러나 그들은 더는 나타나지 않았다. 그렇게 시간이 훌쩍 지나갔다. 어느 날, 여성 한 분이 진료실을 찾았다.

"선생님. 안녕하세요? 오랜만이네요."

"아~ 전에 남편과 함께 오셨던 것 같네요. 그렇죠?"

"네. 그때는 남편과 함께 왔었죠."

"그래요. 요즘은 두 분 모두 잘 지내시나요?"

"저희 이혼했어요, 선생님."

부부는 그날 이후 관계를 개선하려고 시도해 보았지만, 서로에게 책임을 묻고 변화를 요구하는 잘못된 소통만을 반복했다. 결국, 함께하는 것보다 따로 삶을 사는 것이 낫다는 판단하에 그들은 이혼을 결정했다. 하지만 그 결정에 대한 후회는 생각보다 컸다.

"선생님. 종일 기분이 우울하고 밤에는 잠도 안 와요."

"자려고 누우면 본인이 원치 않는 생각들이 머릿속에 떠오르나요?"

"네."

"어떤 생각이 머릿속을 맴돌죠?"

"후회로 가득해요."

부부는 합의 이혼을 진행하여 신속하게 법적인 이별을 맞이했다. 양육권은 아내가 가져갔고, 남편은 아내가 요구하는 수준으로 양육비도 합의했다. 이혼한 지 얼마 지나지 않은 후에 아내는 알게 되었다. 남편은 혈액암을 앓고 있었다.

"면접 교섭 날짜가 되어서 남편에게 언제 아이들을 보러 올 건지 문자를 보냈어요. 그런데 수일이 지나도록 답이 오지 않았어요. 이상했죠. 남편은 제게 교섭 날짜만큼은 지켜 달라고 했거든요. 결국, 아주버님께 전화하니까 남편이 현재 병원에 입원 중인데 무균실에 들어가 있어서 전화를 못 받을 거라고 하는 거예요. 저는 어이가 없었어요. 아주버님은 남편이 저한테 이야기 한 줄로 알고 있더라고요. 처음에는 당황스러웠는데, 점점 화가 났어요. 이후로도 분을 삭이기 어려웠는데, 점점 남편의 모든 행동이 마치 퍼즐의 마지막 조각이 맞춰진 것처럼 이해가 되면서 지금은 마음이 너무 우울해요."

시간이 지난 후 남편에게서 연락이 왔고, 둘은 만나서 대화를 했다. 여성은 자신에게 말하지 않은 것에 대해 분노를 퍼부어 댔고, 남편은 그저 듣기만 했다. 여성은 분노하고 있었지만, 내면에는 후회가 가득했다.

"저는 후회가 느껴질수록 더 남편에게 화를 냈어요. 그런데 돌아보면 저도 남편한테 힘든 건 없는지 물어본 적이 없어요. 당시 저는 너무 억울했거든요. 저는 남편에게 당신과 결혼한 것

외에 내가 잘못한 게 뭐가 있냐고, 당신과 함께하면서 한순간도 행복한 적이 없다고 화를 냈어요. 화만 내던 제 모습이 떠올라서 너무 힘들어요. 암을 선고받은 남편은 한 치 앞도 예견할 수 없는 불안한 미래 때문에 예민해졌던 거 같아요. 결혼 생활 내내 그토록 차분하던 사람이 갑자기 예민해지고 짜증이 늘었다면, 제가 무슨 일이 있는지 물어봤어야 하는 건데 그러질 못했어요. 짜증 내고 예민해진 남편의 모습에서 불안과 두려움을 알아채지 못했어요. 전혀 몰랐어요. 선생님."

그녀만의 잘못일까? 아니다. 우리는 소중한 사람이 아프거나 세상을 떠나면 잘잘못을 따지기보다 모든 걸 자기 잘못처럼 여긴다. 그녀 또한 마찬가지이다. 그저 부부가 소통하지 못한 이유로 맞이한 안타까운 결과일 뿐이지 어느 한쪽의 잘못이 아니다.

"남편은 원래 책임감이 강한 사람이었어요. 그는 어려서부터 집안이 가난해서 형은 대학을 갔지만, 남편은 고등학교를 졸업하자마자 회사에 취업해서 돈을 벌었어요. 소같이 일만 하는 사람이었죠. 항상 자기보다 저와 아이들의 행복이 더 중요하다고 입버릇처럼 말하던 사람이었어요. 남편이 왜 그토록 혼자 힘들어했는지 이해가 돼요. 사실 남편이 암에 걸렸으면 저도 다시 일하고 다시 전셋집도 구하면 되는데 정말 바보 같은 사람이죠. 아무 의미 없다는 걸 저도 알지만, 그날이 너무 후회되네요. 선생님."

"그날은 언제를 말씀하시는 거죠?"

"저희에게 부부 치료를 권유하셨던 그날이요. 외래 치료라도 꾸준히 와서 서로 대화하는 방법을 배워 가라고 했던 그날이요. 그때 저희 부부도 전문적인 도움을 받으며 이전과 다른 방식으로 대화할 수 있었다면, 지금 우리는 달라졌을까요?"

만약 부부가 전문적인 도움을 받으면서 분노, 짜증 등의 2차 감정을 내려놓고 1차 감정으로 서로 소통하는 시간을 가졌다면 어땠을까? 그랬다면 남편은 암 선고를 받은 후 너무 불안하고 두렵다고 아내에게 말할 수 있었을 것이다. 아내 또한 남편의 예민한 모습의 원인이 부부 불화가 아닌 질병에 대한 두려움임을 이해할 수 있었을 것이다. 결국, 부부는 힘든 투병 시기를 각자가 아닌 부부로 함께할 수 있었을 것이다.

분명 부부 치료는 일반적인 치료보다 금전적인 부담이 있다. 우선 부부 관계를 개선하는 것을 각각 두 명을 따로 치료하는 의미로 봐서는 안 된다. **부부 치료에서 1 더하기 1은 2가 아니다.** 두 명을 따로 면담하는 것에 비할 수 없는 수준의 집중력과 신중함이 치료자에게 요구된다.

진료실을 찾는 부부는 이미 갈등을 거듭하며 불화가 깊어진 상황이고, 서로가 상반된 관점을 갖고 상반된 주장을 하며 서로에게 책임을 묻고 있다. 이 때문에 치료자는 높은 수준의 각성을 유지하며 섬세하게 치료 작업을 시도해야 한다. 치료 초기에 부부는 워낙 예민해져 있어서 치료자는 단어 선택에도 주의를 기울여야 하고 사소한 말실수조차 허용되지 않는다. 또한, 부부 치료 한 회당 대략 1시간 정도의 시간이 소요된다. 이러한 이유 때문에 다소 높은 치료비가 부부에게 요구된다.

하지만 다른 관점에서 바라보면 이야기는 달라질 수 있다. 부부 치료를 통해 관계를 회복할 기회를 포기하는 경우에 부부가 감당해야 하는 것에는 무엇이 있을까? 부부뿐만 아니라 자녀까지도 감당해야 하는 부분들을 이야기해 보자.

우선 이혼 과정에서 양육권 및 재산 분할에 대한 이견이 있어 각자 변호사 선임을 하게 된다면 높은 금액이 소요될 것이다. 그뿐만이 아니다. 서로가 오해를 풀고 함께할 수 있음에도 만약 이혼하게 된다면, 위의 이야기처럼 지나간 결정에 대해 아쉬움을 안고 살아가야 할 수도 있다. 무엇보다 부모의 이혼 이후 자녀가 겪게 될 아픔을 생각한다면, 부부 치료 등의 전문적인 도움을 받지 않고 이혼을 결정해서는 안 된다. 자녀 입장에서는 가능한 모든 노력을 기울이지 않은 부모가 원망스러울 수도 있다.

따라서 이혼 위기에 처한 부부는 금전적인 이유로 부부 치료를 주저해서는 안 된다. 이혼 과정에서 발생하는 금전적 소요가 부부 치료 비용보다 클 뿐만 아니라, 부부 치료는 불화 부부와 이혼 부부 중 차악의 선택이 무엇인지 고민할 필요 없이 화목한 부부라는 최상의 선택을 할 수 있는 유일한 방법이기 때문이다.

물론 여기서 예외적인 경우는 있다. 배우자가 반복적으로 폭력을 행사하거나 반사회적 성격으로 인해 당신과 자녀에게 부정적인 영향을 끼치는 경우이다. 부부 치료가 도움이 되는 경우는 대개 서로가 각기 다른 관점에서 상황을 바라보면서 생기는 갈등과 잘못된 소통 방식으로 인해 부부 애착이 손상된 경우를 말한다.

이혼은 매우 신중하게 판단해야 하는 주제이다. 배우자에 대한 분노와 배신감 때문에 이혼하고 싶은 충동이 들 때가 있다. 하지만 이혼은 뜨거운 감정으로 결정하는 것이 아니라, 차가운 이성으로 결정해야 한다.

만약 부부가 이혼 위기에 처한다면 반드시 치료적인 도움을 통해 뜨거운 감정을 가라앉히고, 차가운 이성 상태에서 지금 자신이 진정 이혼을 원하는지 판단해야 한다. 그것이 부부가 법원으로 가기 전에 반드시 선행되어야 하는 관문이다. 신중해야 한다. 단 한 명도 도장 찍고 가슴 치며 후회하는 일이 있어서는 안 된다.

summary

1) 눈에 보이는 사실의 일부만으로 이혼을 선택해서는 안 된다.

2) 반드시 배우자의 내면까지 속속들이 들여다보는 노력이 필요하다.

3) 부부는 법원으로 가기 전에 반드시 검증된 부부 치료자를 먼저 만나야 한다.

- The end -

참고문헌

● 통계청 혼인 · 이혼 통계 자료, 2018

● 이무석, 『정신분석에로의 초대』, 이유, 2006

● 조남주, 『82년생 김지영』, 민음사, 2016

● 베셀 반 데어 콜크, 『몸은 기억한다 : 트라우마가 남긴 흔적들』, 을유문화사, 2016

● 조지프 르두, 『불안』, 인벤션, 2017

● 박성덕, 이유경, 『정서중심적 부부치료 이론과 실제』, 학지사, 2008

● 윌리엄 셰익스피어, 『셰익스피어 4대 비극』, 민음사, 2012

● 최인철, 『프레임(나를 바꾸는 심리학의 지혜)』, 21세기북스, 2016

● Benjamin J. Sadock, Virginia A. Sadock. Kaplan and Sadock's Synopsis of Psychiatry: Behavioral Sciences/Clinical Psychiatry. 10th edition. Lippincott williams & wilkins. (2007)

● Stephen M. Stahl. Stahl's Essential Psychopharmacology: Neuroscientific Basis and Practical Applications 3rd edition. Cambridge medicine. (2008)

● Scott R. Woolley, Phd etc. Training the Emotionally Focused Therapist. Couple, Marriage, and Family Therapy Supervision chapter 17. (2015)

● Terhi Korkiakangas etc. The Sally–Anne test: an interactional analysis of a dyadic assessment. Article in International Journal of Language & Communication Disorders. (2016)

● Giacomo Rizzolatti andLaila Craighero. The mirror-neuron system. Annu. Rev. Neurosci. 2004. (2004)

유아이북스의 책 소개

내 안의 마음습관 길들이기

- 바톤 골드스미스 지음 | 김동규 옮김
- 인문 / 심리 / 자기계발
- 신국판
- 정가 13,800원

미국을 대표하는 심리치료사 바톤 골드스미스 박사가 자신감이 부족한 이들을 위한 조언을 들려준다. 마음을 다스리고, 원활한 사회 생활을 할 수 있는 방법이 구체적으로 제시되어 있다.

내 안의 겁쟁이 길들이기

- 이름트라우트 타르 지음 | 배인섭 옮김
- 자기계발 / 심리
- 신국판
- 정가 13,500원

남의 시선을 두려워하는 사회 불안 증세는 우리 사회에 만연해 있다고 해도 과언이 아니다. 이 책에는 심리 치료사이자 독일의 유명 무대 연주자가 쓴 무대 공포증 정복 비법이 담겼다.

엄마의 감정수업

- 나오미 스태들런 지음 | 이은경 옮김
- 육아 / 자녀교육
- 신국판
- 정가 14,800원

저자는 이상론에만 사로잡힌 기존 육아서의 한계를 지적한다. 육아 분야 베스트셀러 작가이자 심리치료사인 저자가 운영하는 토론 모임에서 나왔던 많은 엄마들의 사례가 공감을 불러일으킨다.

반성의 역설

- 오카모토 시게키 지음 | 조민정 옮김
- 인문 / 교육 / 사회
- 국판
- 정가 13,800원

저자는 교도소에 수감 중인 수형자를 교정·지도하고 있는 범죄 심리 전문가다. 그는 수감자와의 상담을 통해 반성의 역설적인 면을 폭로한다. 나아가 진정한 반성이 무엇인지에 대한 고찰까지 담고 있다.

마음을 흔드는 한 문장

- 라이오넬 살렘 지음 | 네이슨 드보아, 이은경 옮김
- 경영 · 경제 / 마케팅
- 신국판
- 정가 20,000원

2200개 이상의 광고 카피를 분석하면서 글로벌 기업들의 최신 슬로건을 정리했다. 전설적인 슬로건이 탄생하기까지의 과정과 왜 그것이 명작인지 이유를 설명한다.

량원건과 싼이그룹 이야기

- 허전린 지음 | 정호운 옮김
- 경제 / 경영
- 신국판
- 정가 14,500원

중국 최고의 중공업기업 '싼이그룹'과 '량원건 회장'에 대한 이야기다. 허름한 용접공장에서 시작된 싼이그룹이 어떻게 중국 최고의 기업이 되었는지를 분석했다.

돈, 피, 혁명

- 조지 쿠퍼 지음 | PLS번역 옮김 | 송경모 감수
- 경제학 / 교양 과학
- 신국판
- 정가 15,000원

과학과 경제학 상식이 융합된 독특한 책이다. 전반적으로 혼란했던 과학혁명 직전의 시기를 예로 들어 경제학에도 혁명이 임박했음을 이야기한다. 더불어 최근의 글로벌 경제 위기를 타개하기 위한 아이디어도 제시했다.

희망을 뜨개하는 남자

- 조성진 지음
- 자기계발 / 경제 · 경영
- 신국판
- 정가 14,000원

공병호, 김미경, 최희수 등 자기계발 분야 권위자들이 추천하는 감동 휴먼 스토리이자 특별한 성공 노하우가 담긴 자기계발서다. 거창한 성공담이 아닌 가진 것 없던 보통 사람의 경험이 글에 녹아 있다.

져도 이기는 비즈니스 골프

- 김범진 지음
- 비즈니스 / 자기계발
- 국판
- 정가 13,500원

이 책은 일반 골프와는 또 다른 비즈니스 골프에 대해 이야기한다. 비즈니스 세계의 갑과 을의 위치에서 골프를 경험한 저자의 여러 사례가 녹아 있다. 이 책은 매너 골프를 즐기고자 하는 이들에게 충실한 가이드가 될 것이다.

임원보다는 부장을 꿈꿔라

- 김남정 지음
- 자기계발 / 직장생활
- 신국판
- 정가 14,000원

대한민국에서 가장 치열한 분위기의 직장이라 할 수 있는 삼성전자에서 30년을 근속한 저자가 사회생활의 요령에 대해 논하는 책이다. 직장에서 인간관계는 승진과 앞으로의 직장생활을 좌우할 만큼 중요하다는 주장이다.

왜 세계는 인도네시아에 주목하는가

- 방정환 지음
- 비즈니스 / 경영
- 신국판
- 정가 14,000원

언론인 출신 비즈니스맨인 저자가 직접 인도네시아에서 발로 뛰며 얻은 생생한 정보와 이야기를 담았다. 인도네시아의 경제, 문화, 사회 전반에 대해 알기 쉽게 다루어서 변화의 중심에 있는 인도네시아를 한눈에 보여준다.

시니어 마케팅의 힘

- 전우정, 문용원, 최정환 지음
- 마케팅 / 경영
- 신국판
- 정가 14,000원

기존의 시니어 마케팅을 분석하고 요즘 트렌드에 발맞춰 새로운 마케팅 전략을 제시한 책이다. 마케팅 전문가 3인의 명쾌한 설명을 통해 시니어 마켓의 전망과 대책을 쉽게 파악할 수 있다.

망할 때 깨닫는 것들

- 유주현 지음
- 경제경영 / 창업
- 국판
- 정가 13,500원

사업 실패 경험이 있는 저자가 알려주는 '창업 정글에서 살아남는 법'에 관한 이야기다. 창업자, 창업 준비자들에게 삭막한 현실을 독설 형태로 풀어 썼다. 현재 실적보다 미래 생존이 중요하다는 뼈아픈 조언이 담겼다.

마음 습관이 운명이다

- 미즈노 남보쿠 지음 | 화성네트웍스 옮김 | 안준범 감수
- 자기계발 / 처세
- 국판
- 정가 14,000원

관상학의 대가, 미즈노 남보쿠는 사람의 운명이 음식에 달렸다고 말한다. 음식에 대한 절제를 최우선으로 하여 이를 잘 다스린다면 인생을 바꿀 수 있다는 주장이다. 자제력의 힘을 통해 성공의 비법을 풀어냈다.

회사 살리는 마케팅

- 김새암, 김미예 지음
- 경제 · 경영 / 마케팅
- 4 · 6판
- 정가 13,800원

스토리텔링 형식으로 마케팅 이야기를 풀어나가면서 마케팅의 현장을 생생하게 보여준다. 조직의 어떤 부분이 바뀌고, 어떻게 움직여야 성공적인 마케팅으로 이끌 수 있는지 저자들의 살아있는 제안이 눈길을 끈다.

신화로 읽는 심리학

- 리스 그린, 줄리엣 샤만버크 지음 | 서경의 옮김
- 심리 / 인문
- 신국판
- 정가 15,000원

그리스 · 로마 신화부터 히브리, 이집트, 켈트족, 북유럽 신화 등 총 51가지 신화를 소개한다. 인간의 성장 과정에 맞춰 내용을 구성하였고, 신화에 담긴 교훈을 심리학적인 면에서 살펴보았다.